人類新操作系統

HUMAN NEW WORLD

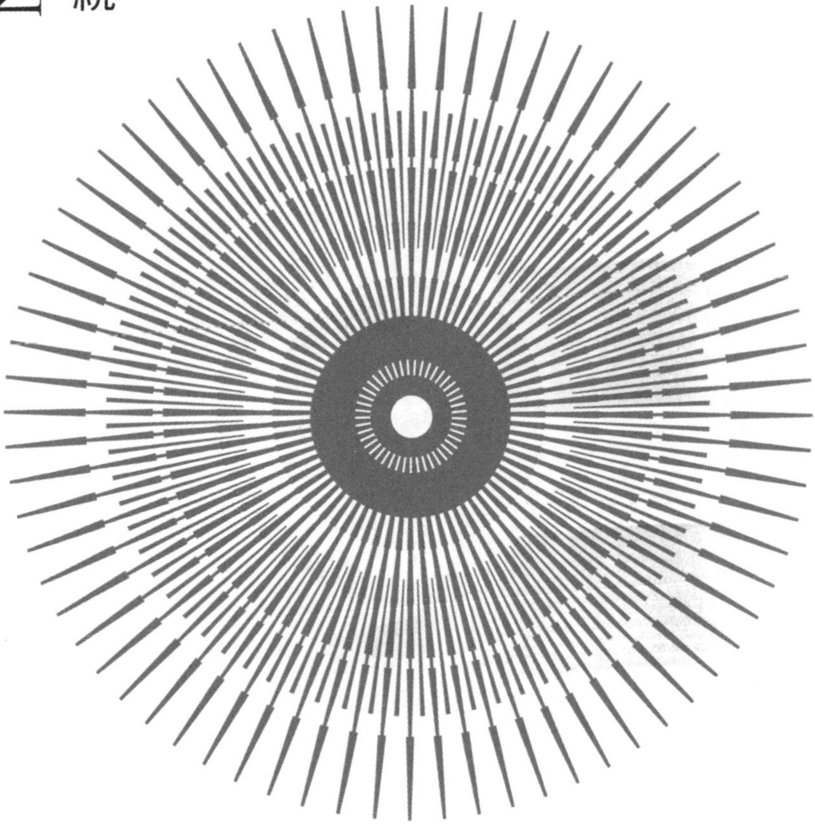

鍾荃因 Doris 著

目錄

2 以直覺為行動指令 63

Part 2

理論篇

Part 3

分享篇

作者序

【人類新操作系統】的由來

我曾擁有非常圓滿快樂的家庭，那是符合人類社會高標準的幸福。也跟大多數人一樣，人生有起起伏伏的考驗，失婚、失業、失戀和失敗我都經歷過，當然失意和失望更是生活常態。

二〇〇三年底大概是我人生最陷落的時期，我不知道接下來的自己將會如何？當時的我正面臨分居，即將離婚，大兒子才剛上小學。一股內在的力量驅動著我，窮途末路讓我沒有選擇，只能被命運安排著往前走，像是不能更改的劇情，我淪陷在被逼迫的痛苦之中。

雖然我不知道這個力量是什麼，但是我已經跟這個力量抗爭了好長一段期間，對抗的過程把我所剩的資源全數用盡，面臨人生的最谷底，連吃飯的錢都沒有。倔強驕傲的個性不求人，讓自己餓到全身無力；幸好被朋友發現，到租屋處找我，才救了當時懨懨一息的我。而書寫就是在那段時間開始的。

書寫一段日子後，我冥冥中知道，要離開居住地到北部發展，只是心中對未知的恐懼太深，放不下孩子和熟悉的一切。絕境讓我沒有選擇，只剩下唯一的一條路，於是我收拾行囊北上。一夜之間，我成了電台專訪的心靈導師，人們爭著從我口中得到指引。

有一個我，能夠快速直接的看到人們內在真實的樣貌，這個能力是從書寫中發現的。我觀察著「那個我」，比較像不熟悉的陌生人，上通天文，下知地理，「那個我」帶著我漫步在雲端，走到如今，創造了全新的我。

回顧這段旅程，「那個我」像是天賦異秉的我，沒有做不到的事，勇敢果決、自信篤定的本質，與人性層面的我，感情豐富、依賴舒適、膽小怯懦，形成強烈的對比。

曾經我以為自己是不是人格分裂？自我被環境的巨大改變震憾得連頭腦都無法運轉。我被「那個我」帶領著，「那個我」是誰？是我的一部分，只是會用更高的角度和視野看世界。我從「那個我」的觀點中，看到世界不同的樣貌，是我從不曾想過的面向，拓展了我生命的格局和視野。對我來說，那時候的我，是經由這樣的帶領與教導，而渡過種種難關和考驗。

那些年我明白一件事：**外在環境的挑戰每個人都有，能夠突破和超越，取決**

於內在的力量。勇氣是內在的力量，恐懼也是內在的力量。當我選擇相信勇氣，我擁有了勇氣，這勇氣讓我面對挑戰而不害怕；所以我感謝並珍惜內在的指引，這指引給我方向，讓我知道要把力量放在那裡。

二〇〇五年我結束和經紀人的合作，本想搬回南部，卻受到當時的學生們挽留，我延長了這段旅程，被留下來，展開比過去一年還要精采的旅程。我成立了身心靈機構，帶著從經紀人接手過來的三十幾位培訓師資，沒有再收任何一毛錢，因為他們的錢都已經繳給了經紀人。跟經紀人合作那一年，我只有交通費，雖然負責了我的住宿，但是現在我根本想不起來自己是如何渡過那一年的。

我就在身無分文的情況下，又再度經驗到高我所創造出來的神奇。三個月內我租下了位在捷運善導寺站附近的辦公室，由一開始的分租到全部承租，一個月的管銷費用接近八萬。兩、三年間我創造了「無憂的種子」課程，培育了數十位心靈導師，目前我內在的能力都是在那幾年被啟發出來的。

直到二〇〇九年，我得知自己將要經歷一個過程。當時二〇一二末日預言傳得沸沸揚揚，我跟團隊們努力提升內在的頻率，幾乎每位師資都能跟高頻率對話並下載了很多靈感，音樂、舞蹈、繪畫是當時我們相當熟悉的療癒方式。

我們的確無憂地生活了一段期間，協助人們將內在壓抑的情緒做清理，研發釋放情緒的課程「情緒掃毒™」，以及運用「天體圖™」占星學工具讓人們了解性格面向與天體運行的關聯性，再加上「細胞運動™」讓身體的頻率可以跟得上內在頻率的提升，為集體意識的二〇一二來臨前做轉移準備。那段期間有大量訊息從我的內在發送出來，我記錄著，也熱切分享給機構裡的所有人，不去在乎人們的眼光和評價，對天秤座的我來說，這真的是極大的挑戰。

我的心裡只有前進到新頻率這件事，那時候生命保留一個面向，粹煉我不斷向前行。在我幾乎一百分的人生中，只剩下情感這個課題，後來我才明白，這是為了要讓我繼續前進的釣餌。為了實現這個渴望，我努力的提升自己，天真的以為未來是美好的，於是任何的考驗、挑戰我都一一努力去渡過和超越。

要感謝那個不圓滿，人性才會願意走下去。這個領悟讓我明白了生命的作用：**那不圓滿之處，就是每個人想要實現的夢想；保留那個不圓滿，以那個不圓滿為目標，生命才會變得有意義。**

二〇一〇年跨年倒數時，我正在從夏威夷飛回台灣的飛機上，那是我二度前往拜訪齊瑞爾的靈媒卡胡。一年前我曾和自己創立的團隊成員興奮地前往，浩浩盪盪一行人，像員工旅遊那樣，一邊玩一邊進行心目中的朝聖計畫。當時我知道，接下來的一年即將有巨大的蛻變要發生，卻不知道會經驗到什麼，只是那一次齊瑞爾告訴我：「你已經完成了人生的旅程，接下來你可以隨心所欲的過你想過的生活。」

我心裡有驚喜，同時我的頭腦裡也有疑惑：

「這是什麼意思？」

「我可以嗎？」

「要怎麼做？」

「是真的嗎？」

當時我的人生已經進展到「空無」的狀態，我沒有任何意圖或欲望，生活失去目標，內心卻異常平靜。有一天夜裡我做了一個夢，夢裡有三個印象深刻的名詞：第一個是「量子跳躍」，然後是「物質轉化」，最後是「分子化結構」。

我沒有任何物理學的經驗，對於「量子跳躍」沒有一絲一毫的概念，即使想要用頭腦去想都無能為力，因為我根本不知道那是什麼？會發生什麼？我只能等待那一刻發生，這是我心裡唯一清楚明白的事！

跨年夜我在飛機上渡過，回到台灣，我觀看著自己上演的劇碼。知道要去做某些事，但是心裡很害怕，我對抗著那個發生，我要去面對一個深藏於心裡的恐懼；我明白那是劇本的結尾，我要跨越那個巨大的恐懼才能到達我要去的地方，雖然我並不知道自己要去哪裡。

首先我為自己即將離開人世做準備。為什麼這麼做呢？因為我心裡感覺到，自己會到另一個地方去。我不知道那是自我所發送出來的訊號，我以為自己真的會從地球上消失，所以在完全沒有任何可以讓我尋求協助的情況下，我為自己準備了後事。

當時我身邊所有人，包含機構裡的學生們，都來為我送別。我的心裡承受著極高度的粹煉：一部分的我在掙扎，一部分的我在雀躍，一部分的我在處置物質世界的後續，一部分的我在面對心智的粹煉，一部分的我在想著，為什麼是這樣？

二〇一一年三月九日的白天，我在有意識的狀態下體驗轉移的過程。當時高雄一位好友打電話來問候我，講到一半時，我一陣天旋地轉，身體完全不能動，手機在那時候變得只有綠豆般大小。我以為自己變大，所以手機才會變小，事實

網格

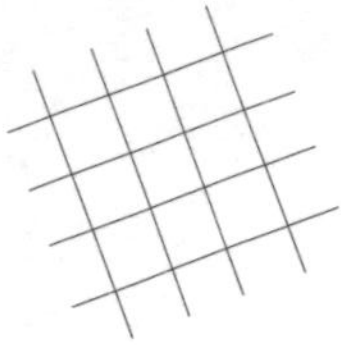

卻不然，是我變成了粒子，而手機只是呼應我的狀態。

這時，電話那頭友人說話的聲音，變得像擴音那麼大聲，我在快速旋轉的過程中用極速狂飆前進，進到藍色網格的空間中，這過程約有幾分鐘之久。我一直到身體可以動的時候，心裡還在想，剛剛到底發生了什麼事？高我就告訴我，剛剛那是粒子重組分子化結構，網格就是蟲洞。我已經轉移到新的世界了。

我完成分子化結構，那是距離我實踐靈魂約定的劇本後一個月，那個月是我的揚升過程，離體、穿越時空、遇見高我、轉移平行世界然後創造未來，可以說是我的受難日、黑暗三日，以及由毛毛蟲破繭而出蛻變為蝴蝶的旅程。我醒過來了，我沒有做任何的祈禱和請求，自然而然發生。

二〇一一年七月十八日，我重返職場，這是第一個創造的顯化，當時我的前額葉出現「新工作、高收入」兩句話，現實世界也真的如此發生。我花了一年的時間整理這些過程，同時也在現實世界再度用自身的經驗同樣創造一次，我成功了，我抓到了創造的每個法則和細節。這一年裡，我有意識的使用這個法則，成功的達到我所設定的每個目標；我知道自己在新的頻率裡了，而我的黃金紀元即將展開。這次不再是靈性的遊戲，而是腳踏實地的讓你看到和經驗到。

整合過去那些年的旅程，我知道可以從舊頻率離開的方法，然後進入新世界生活，首先最重要的是跟自己的內在智慧連結。我了解到，原來「末法時代」是用來形容現代人資訊爆炸的預言，外面充斥好多好多訊息，沒有辦法跟自己內在連結的人是危險的。

我不是危言聳聽，現在確確實實是如此，因為變動不斷發生，尋求指引的需求增加，偏偏這時候資訊多到不行，到底要聽從哪一個呢？再加上動亂的時代，人心的不安全感升高，投射出危機四伏的環境，隨時隨地都有可能因為內在頻率不穩定而導致意外的發生，也就是共振。

所以我在這裡介紹「高我」讓大家認識，「高我」是指更高自我。我們每個人的內在都有不同頻率的振動，「高我」是內在最高的振頻，「高我」能提供超越制約和框架的思維與觀點，同時「高我」也能帶領我們突破現狀，朝向理想中的自己成長。

「高我」也是人們口中無師自通的那位老師，像是內鍵的雲端系統，可以提供所有我們需要的指引和建言；他的功能就像很久很久以前人們用各種方式描述的那樣，他用直覺跟我們交談，跟我們共同參與在每一個行動中。

跟「高我」連結後，會快速的脫離舊頻率的生活模式，每天的節奏變得輕鬆卻異常有效率，成長的過程簡直可以用「不可思議」來形容，本來我們以為要經過重重的關卡和修練才能到達（事實上我們也的確經歷了長長的追尋道路才走到此時此刻）。

「高我」的時代來臨，代表每個人都能活出真實的自己，實現所有的夢想，不再被舊有的劇本捆綁，將我們內在的本能「創造力」發揮出來，一起共同建構新社會。

【人類新操作系統】是我這一路走來的心得，這裡面有豐盛的經驗能量，無論是劇本的安排也好，或是達到創造的層次。我明白這只是一念之間的選擇，並不需要任何特殊的過程或儀式。所有的過程都只是在經驗而已，沒有一種經驗能帶我們到達終點，反而是到達終點前我們必須不斷經驗。但我卻發現，很多人在尋求「一種」經驗，那是人性的技倆，想走捷徑，不想浪費過多的資源，以為那個終點是一個標準答案，所以才會一個又一個的尋找，事實上可能根本不是那樣。這是我很深刻的體會。

在此，我把自己怎麼實現夢想的步驟跟細節分享出來，並且實地讓每個人明白，如何使用內在智慧來面對生活中的任何挑戰，如何從設定目標，了解內在真實的渴望是什麼。

謝謝我自己做了這個選擇，曾經我誤以為自己錯了，現在回頭看，才明白那是多麼大的恩典。是不可能有另一個機會來讓我再經歷一次，這些粹煉讓我明白內在力量的巨大，完全明白核心經驗的價值，那無條件的愛啊……一切經驗的總合，「未知」和「已知」的交接。

在創造的時代裡，長大了的成熟靈魂，茁壯的步上另一個頻率的世界。我們有堅強的心、勇敢的本事、穩定的氣質、出眾的光芒，閃耀的體現出這所有的美麗。

Part 1

操作篇

1 用書寫連結內在智慧

書寫是一門藝術
當你願意書寫
你不需要去分辨哪一個才是高我的訊息
你只需要看見自己有哪些思維在頭腦裡流動
即使是性格慣性、情感匱乏……似乎是負面的東西
別懷疑，那也是屬於高我給你的信息
那是你的真實，高我住在你的真實裡
就是因為你真實還存在著「負面」
所以你無法達到自己想要的目標
高我讓你看到這份「真實」
這是在將你與高我之間的阻礙去除
你要勇敢的去做，征服自己性格上的惰性和不成熟
你與高我的關係就會更進一步
書寫吧！做「書寫」這件事！你就會前進！

書寫的開啟

回想二〇〇三年，我的生活起了變化，也就是第一次進入粹煉的週期，我開始隨亂塗鴨著又寫又畫，一邊把心裡的痛苦和疑惑寫下，然後就在別的空白處畫線條，接下來又繼續寫字。我沒有在意自己在寫些什麼，只是凌亂的思緒跑來跑去，我的頭腦在思索著要怎麼解決這個情況或問題，自以為做著的是無聊的動作。

❖心裡想到什麼就寫什麼

有一天，我無意識翻回去看，從裡面發現了對話！我看著雜亂無章的畫面，紙上的內容怎麼是一來一往的對話？我回憶著當時是否在跟誰說話嗎？那時候應該沒有別人啊！那麼是誰在跟我對話？我靜下來認真去看，雖然都是自己，但是很明顯的，裡面是一種自說自話的對答，裡面的內容讓我看到當時混亂的想法。

我懷疑自己怎麼有那麼多亂七八糟的東西！各種複雜的心思，甚至是我完全不了解的自己。我想不起來這是怎麼發生的，於是又認真的拿起筆來自問自答，把心裡的疑惑寫出來，順著心裡想到什麼就寫什麼，速度愈來愈快，字跡愈來愈亂。

我沒有停筆，讓這個感覺持續到覺得寫完了。那種感覺很踏實，像是把某種感覺轉移到紙上那樣。泡杯茶，我坐著看自己剛剛寫的內容，為自己所寫的東西感動！我怎麼能寫出這些東西？這是我自己嗎？

我把這感覺放在心上。由於生活中依舊混亂，我沒有把心思放在這件事上。過了一段期間，我對自己的命運充滿憤怒，不知道接下來的人生要走到哪裡去，未來是什麼？看到茶几上胡亂塗鴨的筆記本，畫面還是停在上次那一頁。

❖ 重看所書寫的文字

距離我當時的時間又過了幾近一個月，我還是在原來的問題上繞，執著自己的堅持，不願改變，也因此受苦了一個月。淚流滿面的再看一次那畫面，一清二楚的文字打動我的心，我心想：試著這樣去想吧！結果立刻嚎啕大哭，模糊的視線緊緊盯著那行字，心痛的快要不能呼吸。

我哭了好久好久，睡著了，醒來時全身無力，頭又重又痛，想吐卻無力起身。我心想：「我怎麼把自己折磨成這樣？」不自覺淚又滑落，但是那行字一直印在心頭：

「放下指責和要求，勇敢踏實的向前走。」

那天夜裡，我想著這行字入睡，隔天我起了大早，精神和心情卻忽然變得好輕鬆和清醒，像是打了一場好久好久的仗，我終於戰勝了。糾結在心中的對錯不見了，好壞不重要了，神輕氣爽。

我看著鏡中的自己，心裡有一種感覺：我知道陰霾已經離開，也是我書寫旅程的開始。我跟高我一起生活的頭一天，體會到一夜之間可能發生的神奇，只是那時候還沒有「高我」這個名稱。

這個發現讓我的生活起了改變，我開始喜歡這個習慣，所到之處都有我書寫的足跡。看起來這是微不足道的小事，我卻不知道這會成為未來生命中最有價值的資產。

❖ 發現高我

我從書寫裡，發現了內在智慧（高我）的存在，找到內在對話的模式，於是無形中，我的內在有了特定的對話頻率。書寫的形式延伸到更廣的層面：出門時戴耳機聽音樂，行走在人來人往的街道上，我獨立行走在人潮裡，內在交談著，用更多不同的眼光和角度看人潮、看環境……高我分享著各種看法及觀點。我享受著這樣的樂趣，要說我有幻覺也可以，我不反對，事實上**我們每個人都活在由自己想法、觀點所建構出來的世界中，我們只是在經驗自己**。

從有記憶以來，我從沒想過要修行，關於宗教、靈修、心靈成長課程……對我來說像是另一個世界，因為我在人生中遇到重大改變時，幸運的透過書寫，找到面對和處理的途徑。

在發現書寫之前，我曾有幾次算命的經驗，後來也片段的去學了八字，不過都無疾而終，純粹只是好奇而已，真正深入去研究，是從書寫之後開始。那時候我接觸到占星學，高我跟我一起參與學習，老師一邊教學，高我也一邊提供他的見解給我，我成了學生中學得最快最好的一位。後來經老師推薦，我認識了來自英國占星學院的一位朋友，因緣際會，我在他停留台灣的期間，學習到更深入的見解，在他和高我的帶領中，我看見生命運行的法則。

書寫是帶我進入內在殿堂的道路。我沒有看過這類的書，原因是，我從沒想過有這樣的書，我以為每個人都跟我一樣，會用這種方式跟自己的內在對話。當有朋友遇到問題時，我自然而然的分享自己書寫的方法，才發現，原來並不是每個人都跟我一樣。

當愈來愈多的人用搖頭回答我時，問號在我心裡，無言以對的表情在我臉上，偶而遇到跟我一樣喜歡書寫的朋友，也有完全不一樣的體會。多數人覺得就像寫日記，但是我指的書寫，並非單純只是日記裡的紀錄，是跟自己提出問句，你就會發現，一場內在對話是這樣開始的。

❖ 與內在對話

我所生活的世界是外在，我心裡對整個生活世界所產生的想法或感受是內在，然後外在與內在形成互動，成了我們日復一日的生活。遇到困難或不舒服的事，就是內與外的一種互動回應，他人扮演著我們的表面，將我們的內在呈現出來；我們把內在所有狀態書寫下來，就能看見整個內在裡面的真實。

向自己提出問句，很自然就會有其他想法及觀點出來。把筆拿起來寫出在我們心裡面的對話，然後才回過頭去再看一次，每個人都會發現，在我們的裡面，存在著多種角度的觀感和面向，我們有機會和權利，可以在這些面向中為自己做選擇，這會漸漸鍛鍊出我們理解他人的能力。原因無他，因為他人就是我們自己的其中一個面向而已。**持續這樣跟自己對話，會發展出一種能力：你會有清楚具體的表達能力，並且洞察到所有表面底下的真相。**

我經常聽到有人對我說：「我能完全了解你所說的內容，但是我沒有辦法像你這麼清楚簡單地幾句話就說出來。」我想說，這在一開始是完全沒有想過的結果；同時我也要承認，是書寫帶我走出人生的種種挑戰與困境。並不是我不會再有壓力或困難，我在書寫中被教導著，透過與人互動，「我看到內在的偉大價值」原來那麼容易。

曾有非常多次，我隨手跟人分享塗鴨的紙，是被人收藏下來的，雖然對我來說，那只是幾張亂寫的東西；但是當事者常說，他要帶回去的原因是，看到我寫的，就會記起我所說的話，那樣能提醒他們，才不會忘記。平凡無常的價值居然隨處可得，這樣的我，由書寫裡的教導中逐漸成形。我運用書寫，清楚的看見自己一路的成長和轉變，也從書寫中為自己作出當時最適當的決定；我深深的明白，**思想是決定我用何種途徑到達目的地的重要關鍵**。

對我而言稀鬆平常的生活習慣，是自然而然的發生。書寫造就出我人生的舞台和成就，我跟外界的互動愈頻繁，對自己的理解就愈多，愈明白自己的裡面有什麼。那種珍惜自己、愛自己本質的能力，如神聖的恩典般降臨在我身上，就算面對再大的挑戰和挫折，我已然練習信任「內在會有指引」的心，總會讓我平安無事，甚至轉敗為勝的渡過。

❖不分辨訊息

負面低潮必定會存在，我並不是沒有那些負面低潮的過程，只是對我來說，那是光明來臨前的蓄量期。我在負面低潮時的粹煉，是為了迎接下一個階段的來臨，自然而然我就沒有擔憂或害怕，甚至我還能為這負面低潮的出現而展露笑容。

對於黑暗之後的禮物，我有數不完的經驗可以告訴你，有一天你會明白我在對你說的過程。我真誠的邀請你，為自己這樣開始去做，成為自己的導師，讓內在引領，活出真實的自己。

書寫是門藝術，當你願意書寫時，一開始，你不需要去分辨，哪一個才是來自高我的訊息，你只需要寫出來，然後看見自己有哪些思維在頭腦裡流動，即使是性格慣性、情感匱乏……似乎是負面的東西，別懷疑，那也是高我要給你看見的信息，那是你的真實。

真：內在，只有我自己知道
實：外在，別人也看得到

高我住在你的真實裡，就是因為你真實還存在著「負面」，所以你無法達到自己想要的目標；高我讓你看到這份「真實」，這是在將你與高我之間的阻礙去除。你要勇敢的去做，征服自己性格上的惰性和不成熟，你與高我的關係就會更進一步。

書寫吧！做「書寫」這件事！你就會前進！

書寫的形式

書寫的形式分為三種：一、自我對話，二、心智圖，三、自動書寫。這是屬於三種不同層次的頻率對話。

❖ 自我對話

第一種的自我對話是最基礎的書寫，就是一股腦兒將心中的想法及感受寫下來，通常用在自己遇到挑戰困難時，以理出頭緒和平靜情緒的時候。裡面可能會有怒罵和批判，這都沒有關係，因為你可以寫出來，就是你內在的真實，無法造假的。

「自我對話」會將覺知從「大腦皮質性格區」（參見97頁）的振動提高到內在感知的層次，誠實面對自我的樣貌，才能放下防備，前進到下一個層次。當你寫完或告一段落，你再用第三者的角度，重新回頭再看一次，這個第三者可以是對方、朋友、陌生人、觀察者……這時候你不只是要看，還要再進到下一個階段的心智圖。

❖ 心智圖

「心智圖」是鍛鍊耐心、理智明析的與自我相處，屬於認知重建的階段，也是再造的練習。將凌亂的思緒（思想和情緒）做一個立體的歸納，這是進展到下一個層次的頻率對話。你需要把第三者看到的感想列出一個主題，這個主題會成為你決定事情發展的方向；同樣的，這也是在你頭腦裡的東西，是自然而然的寫下來的。（參見36頁）

由於你已經離開了混亂，現在的你是以理智的狀態在面對，而且是毫不隱藏的在細微層次上作用。表面看起來沒有什麼特別之處，事實上，就是因為簡單，你才可以上手；假如還需要某些特殊能力或工具或模式，那麼我們就又落入過去總以為「要深奧難懂才是有價值」的認知系統裡。現在我們夠忙了，簡單有效的方法隨手可得，只要你願意開始，你會有極大收穫的。

❖ 自動書寫

當到達「自動書寫」的階段，則是建立對內在信任的旅程，此時才算是來到高我頻率的大門。此時是以更高視角觀看整個狀態，你會跟高我一起重新決定這事件的結果。這是什麼？是行動，你正在為自己的下一步而行動，你正在建立一個全新的程式，你的外在與內在同步進行調整與歸位。太久沒有回到家，一進家門需要先整理長期沒有照顧到的地方。

我們一直想回家，回到源頭，那麼現在我們回到事物的源頭了，問問自己接下來如何做？這時候，一樣拿著筆，將問題寫下來，然後停筆……等答案！

❖ 突破過去的認知

過去有太多古老經典的描述，眾說紛芸，「高我」落入眾說紛紜的形象。最常遇到的問題是：「高我是神嗎？」有一點宗教基礎的人，會用過去所學的知識來定義高我，這讓高我的展現，一開始就進入過去的框架中。

我發覺到，人們似乎無法接受一個完全陌生的名詞存在，會習慣性的在已知裡，為高我安排一個位置。這樣做其實是不妥的，因為**高我是無限未知的頻率**，從知識的層次切入，就像把過去的認知包裹在高我上面那樣。在與高我互動的練習中，一開始就要面臨突破自身認知幻象的征戰旅程。

★書寫三形式

	操作方式	作用
自我書寫 (自我對話)	・自我的觀點和感受 ・所有的OS、思想、批判、指責、憤怒、自責、委屈、開心…… ＊寫完後，把所有主詞改成「我」	・思維的抒發和釋放 ・事件發生(當下的內在狀態) ・小我和小我互動
心智圖	・有一個主題 ・歸納思維的關聯性 ・整理出主體的思緒邏輯 　┌內在需求(情感需求) 　└框架和制約(性格、人性)	・明晰 ・沒有壓抑的情緒(理智的) ・找到模式
自動書寫	・提出疑惑 ・提出請求 ┌ 怎麼做 　　　　　├ 步驟 　　　　　└ 新的目標 ・反問	・小我和高我互動 (激盪出新的火花) ・新的神經元 (增長和連結) ・新的視野 ・找出「訂目標的方向」 ・豁然開朗→不解決問題 直接脫離現狀 ↓ 沒有衍生的疑惑

高我不會回應──（1）選擇題
（2）希望高我認同的答案
（3）太久遠的事

最常發生的現象是，某人把對神的根本認知放在高我上面。由於他的認知裡，神是高高在上的，擁有決定一切的力量，甚至有能力代替自我做選擇，在心裡與高我互動時，總是問高我選擇題，像是我要不要離職或去找工作……等等之類的問題。

把高我界定在「要」或「不要」的層次上，這個想法仍舊是二元對立的思維，高我不會有任何回應的，因為這種互動並不是合作，而是推卸自身的責任。為什麼會這樣？其實我們回想看看，過去我們仰望著神，認為：神是離我們很遙遠的存在，我們因犯錯而來此受罪，是無比弱小和卑微，神需要被尊敬、敬畏和畏懼。

❖ 建立新的認知

這是一條漫漫長路，我知道要從過去的觀點離開，再重新建立新的認知，對很多人來說並不容易。雖然這是個挑戰，但偉大的時代已經來臨，有緣看到這本書的人，就表示蛻變的時機已到，接下來就看自我是否願意去改變了。內心裡對神有著恐懼，是無法真正明白神運作的法則，更不要提合作了。

「高我」是不是神？運用書寫，你可以找到自己的答案，不過你必須明白，

這個探索沒有「一個」標準答案。我們並不是要找到佛學或宗教經典裡的那種回答，而是根植在每個人心中真正的認知。這是個旅程，從組成個體生命最小的單位著手，你回到原始振動的粒子態，粒子的結構是由單一個念頭發起後匯聚，然後形成一切存在。

無論是有形或無形，存在是一個事實，宇宙並無「沒有」的存在，一但存在了就是「有」。在思想裡，人性以為的「沒有」，其實從一切萬有的角度看，那是存在的，並非虛無或造假。也就是說，不存在「沒有」。這份認知很重要，是建構人生藍圖的基本原則。

要想透徹了解命運的規畫，我想從我們裡面最有力量的字詞「神」開始。因為人類世界中，「神」這個字是淩駕在所有層面之上，即使你是個無神論者，「神」這個字也會深深地存在你的心中。「創造力」跟「神」有很重要的連結，因為在人類演進的文明裡，是這樣被建構的。

第一步我們要先來了解，「神」對你來說是什麼？這不是無聊的探索，你願意這樣做，是在靠近內在最有創造力的層次上，也就是離神最近的地方，我們直接開門見山的敲開這道鎖，把命運之神的面紗揭開。從「心智圖」的層次進入練習書寫，先從「神是什麼？」這個主題開始，如下圖：

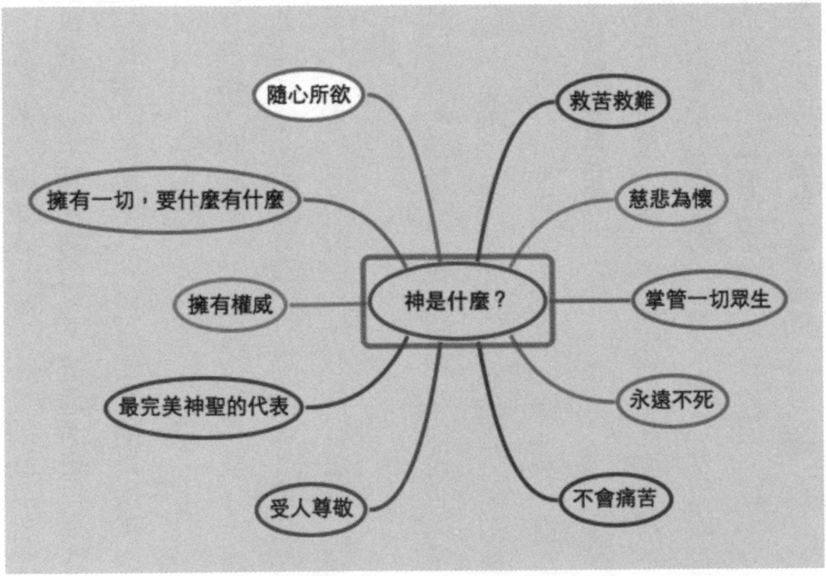
神是什麼？
隨心所欲
救苦救難
擁有一切，要什麼有什麼
慈悲為懷
擁有權威
掌管一切眾生
最完美神聖的代表
永遠不死
受人尊敬
不會痛苦

透過心智圖，我們可以看到神在我們心目中的樣貌，也就是說，透過這個書寫的練習，我們能全面的從認知層次進入，獲取內在實質的基本資料，然後再從這當中，看到自己對神的定義後，找到自己內在最想發揮出來的神性，活出自己的人生。

當第一張心智圖被寫下來之後，就會有接下來的發展。這是有意識的行為，並非紙上談兵，屬於建構新藍圖的第一步。之後我們再進到下個步驟的心智圖，這時候每個人的思維就會發揮出創意了。

❖ 把頭腦的速度降下來

舉我自己的例子來說，當我寫出第一張心智圖後，我心裡就會有接下去的想法出現，像是我標示出來的「隨心所欲」，這是我在所有寫出來的內容裡最有感覺的，我順著這個感覺往下走，以「隨心所欲」為主題，寫出第二張內鍵在我裡面的思想，如此延伸出來，直到與現實生活接軌。

這是頭腦裡的東西嗎？由你的手寫出來的內容，除了是你自己之外，我想不出有其他的答案。你會想：「要怎麼分辨是心還是頭腦呢？」寫下來就是解答，這裡的方法，是讓你完完全全的看見你的心和頭腦，你要寫下來才有能力分辨。

由於你的頭腦是慣性的迴圈，動作快的像光速般，你的覺知跟不上這個速度，被頭腦的想法干擾及影響，所以這時候，你要把頭腦的速度降下來。我們的物理身體有個很棒的機制：只要拿起筆，把在腦袋裡跑來跑去的想法寫出來，你會發現，拿起筆的那一刻，突然一切空白，不知道要寫什麼，對不對？你看，多麼棒的功能啊！像是踩剎車那樣。使用你的身體吧，這只是第一步。

接下來，當你養成書寫的習慣，三種內在交談的模式，可以成為面對挑戰及遇到疑惑時使用的工具，那麼你便成為領取內在教導與智慧的人，你將不再被外界紛擾的頻率影響。**當你的頭腦漸漸安靜，你的心就平靜了，直覺與靈感有廣大的空間可以發揮，你才有能力發揮出自由意志，真真實實運用內在力量（靈性）創造出物質世界。**

鍛鍊，是鍊金術，一切皆在我們之內，一切答案也都在我們裡面，現在你正在品嚐這真理。親身去看見內在智慧的顯現，為自己喝采吧！大師也不過如此而已。你即將面臨的不再是外在的挑戰，而是面對自己所寫出來的內容。

信任啊，信任！就在此時此刻，示現你內在的信任給自己。你相信自己多少呢？這就是真實的答案。而高我呢？高我的訊息在你自動書寫時出現，只有在這

★管理思想

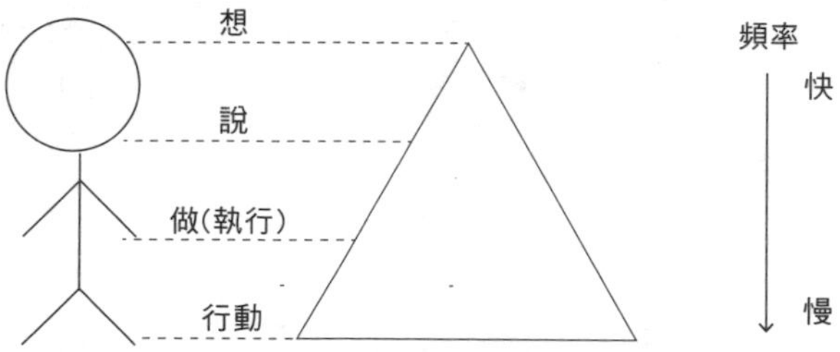

・讓思想的頻率減速，以配合手的寫字速度
(不能用打字：打字不能使頭腦真正減速下來)

・想 → 寫 → 行動(落實想法到物質世界)
(當行動指令出現，表示頻率已落到時間線上，只要行動即可經驗)

・寫出來 → 成為自己的旁觀者
→ 覺知力
→ 看見自己的能量結構(光粒子的軌跡)

・無意識 $\xrightarrow{\text{寫}}$ 有意識的觀察者

個頻率裡你才能找到祂。

當我們心中對整件事情有答案的時候，我們對高我的需要是認同。祂不會將這個力量給你的，因為你的答案是已知，你能想得出來的都是已知；高我在無限未知裡，祂的答案在直覺的行動指令中，只有我們依照直覺去行動，才會得到解答。

我知道現在的你一定會有無數個震盪，像煙火般放射出各式各樣的想法。不管那是真是假，此時此刻的你，在被新頻率衝擊著，你也在被更新中。你的靈魂有機會擁有新的經驗，你內心深處無法言喻的感受不斷湧出與綻放，酸甜苦辣鹹五味雜陳，有感受有情緒；你的靈魂雀躍，你的人性恐慌……

哈哈，放輕鬆，去欣賞這煙火的畫面與溫度。你的身體在回應你，它用盡所有可以發出訊息的器官去感知這頻率，你全身的細胞在運動。向你的身體深深一鞠躬！多麼美麗的碰撞啊，歡迎你進入新世界！

與內在交談

在操作書寫練習的兩天工作坊裡，總會有人習慣的跑來問我問題。以前的我會直接回答，於是休息時間我還是在上課，像是永遠有回答不完的問題。

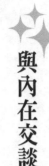

❖ 從內在智慧找解答

我思索著，明明就在操作書寫，為什麼他們還是會來問我呢？我沒有發覺到，自己的回答是習慣性的行為，所以人們才會習慣從我身上找答案，這是我造成他人依賴的習性，我必須讓他們習慣從自己內在的智慧找到解答。於是就在兩天工作坊裡，把操作書寫的比重拉高，請他們將心裡想要問我的問題寫下來，然後**練習放空**，聆聽內在的想法出現，讓每個人體驗到內在智慧是真實的，並非想像。

集體的頻率是良好的練習環境，當每個人都這樣做的時候，書寫的氛圍變得自然而然，這是很棒的禮物。因為思想的振動頻率很快，當我們把注意力放在思想的層次上，內在的覺知會直接作用在思想的變化。**長期養成書寫的習慣，除了覺知力和專注力會自動提升外，更重要的是，在面臨任何挑戰和外境的轉變，都不會受影響；因為有內在智慧隨時可提供更高角度的看見，很多事情迎刃而解。**

有一次在工作坊，我問學員：「在你們心裡，大師的定義是什麼？大師通常具備什麼樣的能力或條件？」這是個大哉問，沒有標準答案，卻有類似的現象存在。過去有很長很長的時空，人們追求大師開示，用著充滿智慧的話語來點醒人們，讓我們能在瞬間看開很多事；遇到再大的困難和痛苦，想起這些開示的智慧之語，就能帶領我們走出困境。

這是個事實，我們能從中看到一個真相：所有的困難和痛苦，都是存在於心裡的一念之間，大師們用不同層次的觀點，來幫助我們從執著的想法中離開，回到現實的生活中；面對時需要的是內在力量，當我們想起大師的話語，就可提醒、激勵自己來渡過黑暗期。

我們看到，智慧原來是如此的有力量與價值。請大師開示是眾所皆知的事，因為他們經過了不凡的考驗，所以大師們總有超越常人的智慧，能引領人勇敢的面對人生中的挑戰與低潮，這智慧就是思維。

思維由各個不同面向的觀點組成，形成一個人的中心思想。**中心思想像是充**

滿切割面的圓晶體，切割面愈多，代表一個人看待外界事物的面向愈多，只是選擇要用哪一個面向來投射而已。

以不同面向的觀點和體會來看待事物，難道只有大師才有嗎？其實每個人的內在都有，差別只在於，是否願意轉換不同面向的思維來看待事物而已。很多人可能會覺得，那只是心裡眾多想法中的一個，並不能算是大師級的智慧。是這樣嗎？我所觀察到的事實是因為「信任」。

大多數人並不真正了解所謂「內在的力量」是指什麼。像是眾所皆知的那樣，「內在的力量」是多數人在追求的想像名詞而已。任何修行或修練，最終都要回到「內在」這一條路，你的方向改變了，從表面轉進裡面，這時裡面成了前方，你要前進的方向在裡面，不是外面。

從最表層的情緒進入，一路慢慢地走到感受的層次，你碰觸到了靈魂，於是另一段旅程開始。明白了靈魂的語言，了解內心在表達的話語，然後再進入更深一層的核心，像撥開重重障礙那樣，我們在自己裡開出一條回歸之路。這一路的探險必須是由自己完成，沒有人能代替，無論你跟隨多麼偉大的人都一樣，最終這一條走回到自己的冒險，都是孤獨和無助的。

❖ 內外和諧一致

二〇〇三年我踏上書寫的道路後，人生的轉變像是神話故事那般展開。當時我對於自己寫出來的東西充滿懷疑，不敢相信，內在時時刻刻都在爭戰；但是當我面對群眾時，那份由內在自然而然出現的篤定，讓我體驗到另一個樣貌的我，像是新舊自己的切換那樣，舊的我在日復一日裡消失。

後來我明白了什麼才是「信任」，信任指的是：表面和裡面的自己找到和諧的相處，相互合作產生出來的默契，就像知己那樣。內外和諧一致的成為一體，內在的力量就在一點一滴中產生，那力量就是很多人從大師身上看到的內容：「安定人心、產生力量。」

想想看，大師之所以是大師，從表象來看，就是擁有一大群門徒或追隨者，能夠影響很多人。成為大師並不是以擁有多少追隨者來定論，仍舊有很多影響人類的大師，是選擇默默做出貢獻的人生劇本。不知情的人迷失在那樣的表象上，拼命的追求擁有眾多追隨者的舞台，事實上，人生即是舞台，將內在力量展現出來，就能在自己的舞台上發光發亮。

想擁有眾多追隨者的意圖，只是想利用他人來扶持我們對內在不足的假象。

當我們理解到這一點，用心在自己的表面和裡面上下功夫，自然會聚眾；但那些人就不再是追隨者，而是願意同樣活出自己的一份子，那樣的聚集是有力量的，能成就任何事。

表面和裡面是一種「關係」，當我們沒有跟自己真正發生關係時，外在世界就會有「關係」的課題來挑戰；直到我們確實明白那一刻，關係才會進入到人類渴望擁有的「真誠」的層次上。情感能量交換而來的關係是屬於表面的，一遇到衝突時，關係的原形就會現身。我曾在這個課題上吃足了苦頭，直到我跟自己建立出信任的關係時，我才在外面的世界經驗到彼此信賴的親密，這樣的關係目前遍及在與我互動的任何一個人之間。

❖ 覺知與信任

相信自己內在的聲音，是走進核心很重要的階段，因為真正神聖的啟示是由內在出來的。沒有人能跳過自我懷疑的過程，那是分離導致的副作用；這段過程只是在去除內在距離的一小段風景而已，內在如果連最基礎的信任都沒有的人，會在這段懷疑的路上就逃開，而無法繼續前進。

透過書寫建立內在信任，是一條實際的方法。為什麼是實際呢？因為這才能用「眼見為憑」來說服剛開始還無法征服自我懷疑的人。這些都是真實的紀錄，我們無法寫出我們自己之外的內容；走過了再轉頭去看，每個人都能確實看見那條走過痕跡的道路，而不是只在腦袋裡想像而已。

沒有建立內在信任，會形塑表象的舞台和氛圍，將自己獻給那些內在已經具備信任基礎的人，而追隨是因為覺得自己尚未有大師內在的力量。大師們說，那個力量在我們每個人自己身上，從很古老的時代就這樣說了，只是在現實生活中，似乎很少人能使用到內在這份力量。

想要「百分之百的確定」，是每個人對內在亮點想法的要求。有人相信，於是遇到阻礙，很快就轉化了；有人懷疑，不斷的尋尋覓覓，把力量給出去，讓他人的話語比自己有影響力；有人根本視而不見，完全忽視自己內在的亮點思維。同樣一句話，只要是他認同的人所說，他就覺得是金言玉語，反之則完全不理會。這是我在人的世界中觀察到的現象。

將大師的光環拿掉，就只是跟大家一樣的人，同樣會遭遇到考驗和挑戰，因為這是成為人最基本的目的：在經驗中修正自己看待萬物的態度和體會，然後逐漸成長蛻變。都是一樣的設計，無人除外。

書寫，能幫助我們在眾多想法中具體清楚的看到亮點思維，「亮點思維」是指能讓我們轉換心境、豁然開朗的想法，也就是我們去請教大師開示的言語，當然，這個亮點思維經常被很多負面想法淹沒了。

沒有透過書寫，我們對「亮點思維」就只是停留在大師的話語階段；加上我們不認為自己是大師，於是我們無法給自己力量，那麼「亮點思維」的光就更弱了；同時，沒有養成書寫下來的習慣，那些滿天飛來飛去的念頭，根本無法被仔細的看清楚就發送出去，卻不了解一個念頭出去就已經創造成功了，這個重要的時機瞬間即逝，一分一秒、一字一句都在編輯著我們自己的人生。

❖ 在書寫裡看到亮點思維

現在我分享著書寫的經驗，我是在書寫裡看到亮點思維的。我知道一開始「亮點思維」出現的機會和比例不多。隨著我們建立起習慣，成為內鍵模式時，就會自動上線，不需費力，就能從中發現，真正的智慧原來是那麼簡單就可以運用；漸漸地我們就會有信心，就有能力給自己信任，那麼這內在亮點思維的光就會變亮，然後形成核心之光，照亮我們的人生。很簡單，真的很簡單，只要願意拿起筆來，想到什麼就寫什麼，每個人都能看到。

你會想，這麼容易嗎？我告訴你一個祕訣，最容易做到的方式就是：**從生活中找一個當下實際在經驗的事情著手，特別是我們放在心上的事，這樣我們就能以最真實的心去發出提問。**

用自己最大的誠意來開啟內在智慧之門，是最能有收穫的美麗時刻。當你能這樣做時，日常生活中很多事情，就能用這個方式找到亮點思維；一段時間之後，你會整理出屬於自己的中心思想，這是內在的核心價值，也是一直以來人們在追尋的偉大力量，就在我們自己裡面。寫下來就能看見，看見才能選擇和決定，踏出「有意識」生活的旅程。

想想看在實際生活中，有多少人是有意識使用內在力量的呢？依人類的比例來說是少之又少。那年我在開始書寫之後，即過著這樣的生活，但我從不覺得自己是大師。我認為，**要有神奇背景的人才是大師的思想，是嚴重的迷失，因為每一個人的生命都是神奇的，沒有人的生命是順遂的，人生必然有挑戰，只是要描述得多麼生動感人而已。**

大部分的人對故事的情節著迷，在催情又催淚的氛圍中想像自己的人生；決定編寫什麼劇情的主人是我們自己，因此每個人都有著華麗的人生故事可說可寫可演可看，這不是只有大師才獨有的權利。如果調整一個看待自己的觀點，能夠完全改寫自己的劇本，那麼這是值得一試的學習，不是嗎？

我自己曾創立了教育機構，當時有好多人來學習，我分享著自己的經驗，那些年我跟一群人生活得很密切，幾乎是無時無刻都在一起，每個人快速的成長，有遠大的夢想，以為就會這樣到達終點。那個夢很美，劇情很感人，回想起來恍如隔世。對我來說，那是「平凡卻不平常」的旅程。平凡是指，很多人都曾走過類似的道路；不平常的是，這個平凡讓我經驗了巨大的轉變，在平鋪直敘的人生產生震盪，為我點亮煙火炫麗的人生舞台。

看見內在的聲音

關於人生的故事，幾乎每個人都有豐富動人的劇情，令人讚嘆和激賞。誰說是大師才有不凡的人生？我不這麼認為。每個人所來之處皆同，這一段簡短的生命旅程不足以展現你全部的樣貌，壓縮再壓縮，在小小的視野裡，只能驚鴻一瞥，豈不是太可惜了嗎？很多深奧的古老經典我不懂，一大堆專業的修行術語我更是陌生，我還來不及去參與那些旅程，就已經被命運的腳本安排踏上分享自己經驗的道路，然後我就自然而然的走到如今。

❖ 取回內在的力量

當在課堂上被問及某某宗教裡的意涵時，老實說我根本不知道，但是我卻能回答，回答那一刻，我自己也在學習。這是多維度覺知，同時間裡有不同的意識空間存在。我是天生就會的嗎？不是，是在書寫中被教導的。我也不會通靈，看不到任何東西，對物質世界中的人、事、物，我習慣以能量的狀態解讀。這些是每個人都會的能力，取決於覺知和信任。

當我開始書寫時，有好長一段時間，內在的信任不足，我顛簸的走在與自己對抗的道路上，吃了好多苦頭，一直到我完全臣服，考驗的階段才結束。很多人問我，考驗很痛苦，這過程還要經過多久？我只能說，是由信任決定的，我們愈信任，考驗的期間就愈短。這並不是說，要用考驗來逼迫我們臣服（我知道人性會有這樣的反應，這是受害者情節所導致的），事實上考驗是怎麼來的？是自我，自我跟內在力量分別處在相對的角度與立場，相互拉扯著，也就是二元對立的頻率。假如我們認同自我，我們就會跟內在力量對抗。

自我是依附在物質身體上才能存在，內在力量就是多數人了解的靈性體，是生生不息、不滅的存有，如果沒有認知到自己是移動意識的主體，就永遠都會處在由內在戰場顯化出來的現實考驗中。「臣服」的意思是：明白自己就是意識的主體，不是這個物質身體，那麼對抗就會消失，然後順著生命之流去經驗已被安排好的一切。

自我害怕死亡，而死亡是自我的世界中會遭遇到的生命樣貌，當我們把意識的主體轉移到內在的頻率，對自我來說，就是宣告死亡的時刻。現在大多數人都還把意識的主體放在自我的頻率上，考驗變成命運腳本，當然是漫漫無期的修練了。

徹底明白我們是意識主體的存有，就能從物質身體裡解脫，這不是神話，是真的。你也不會真的死亡，是自我的比例從整個生命體中下降，這時候，意識主體回到內在產生力量，踏入重生的旅程，就是蛻變的開始，只要信任，是所有人都能達到的狀態。

你可以把意識主體想像成籌碼，你把籌碼擺在那裡，那裡就有資源和力量，取決於你的自由意志。當你把籌碼壓在恐懼上，恐懼就會形成力量，凝聚成物質能量，附著在事件上來讓我們經驗，於是你的生活裡就會發生令你感到害怕的事，你經驗到了由自己創造出來的恐懼。

我希望每個人都能取回內在的力量，因為你將會發現自己有多麼美麗，也會了解所有都是一體的。當你明白後，整個世界會開始以大自然的法則自動重新排序，每個人都是自己的上師、導師和大師。

❖ 心情好壞是由思想發起的

目前完成【人類新操作系統】兩天工作坊的學習者，有八成能從內在取得智

★內在的聲音

<table>
<tr><th>直覺</th><th>性格</th><th>人性</th><th>（情緒+感受）
情感模組</th></tr>
<tr><td>具體的
行動指令</td><td>・等一下 →拖延
・分析、判斷、比較
・不喜歡改變 →舒適區
・問「為什麼」→掌控</td><td>・集體的價值觀
・他人的眼光
・倫理道德</td><td>・尋求支持、認同
・依賴
・怕受傷、拒絕
・丟臉……的感受
・能量的掠奪（受害者情結）</td></tr>
<tr><td>・非外界刺激而產生
・輕微且高頻的能量
・無限未知
・尚未發生的事
・沒有細節
・答案就在行動中</td><td>・個人
・對內
・喜好的判斷</td><td>・集體
・對外
・他人的評價</td><td></td></tr>
<tr><td>五、六、七
層意識

（高我負責）</td><td colspan="2">←一、二、三→
層意識
↓
生活的慣性
↓
建立慣性，是為了讓你走在「劇本」裡

（指導靈負責）</td><td>三、四、五
層意識
↓
情感慣性
↓
累世

（靈魂）</td></tr>
<tr><td>當下有效
過了時間點就失效
↓
當下行動
↓
結果（實現目標）</td><td colspan="3">所有的雜音都是不讓你行動
↓
不行動（內在戰場）
↓
過程</td></tr>
</table>

慧與教導，將內在的力量落實在生活中，對我來說，這並非虛幻不實的大道理。練習轉移意識主體，從自我的頻率離開，是我多年來的體會與學習，書寫是幫助我們達陣的工具，任何人都可以做到的。

書寫其實是有學問的。描述性的書寫能幫助我們看見過去慣性思維的痕跡，我將描述性書寫定義為「自我對話」，這是寫出情緒、感受和看法的途徑，從思維的層面來釋放內在累積的能量。

多年來從書寫中領悟到的教導，我發現，心情的好壞跟思想有決定性的關聯。以前我總覺得，心情是受到外界人事物影響的，每次都為了心情的問題，於是拼命的想辦法解決；我以為導致心情不好的緣由是外在事件，結果沒有意識到，整件事的發展都是由思想發起的。為什麼會如此？因為我們的覺知跟不上思想，一不專心，頭腦裡的聲音就喋喋不休；在這種情況下，不知不覺的，外在世界就在無意識中被創造出來了，跟頭腦裡的聲音比起來，心情就很容易被感覺到。

思想、感受、情緒，都是振動頻率所表達出來的形式，一層一層，由內而外。我們通常從人的表情判斷心情好壞；而靈性能力強的人，能穿過臉上表情的假象，感知到他人內心的感受，這是直覺的振動，就是直接感覺到，沒有經過頭腦的作用，是直接共振出來的知覺。這是我觀察自己內在變化的心得，後來聽說

★走出框架

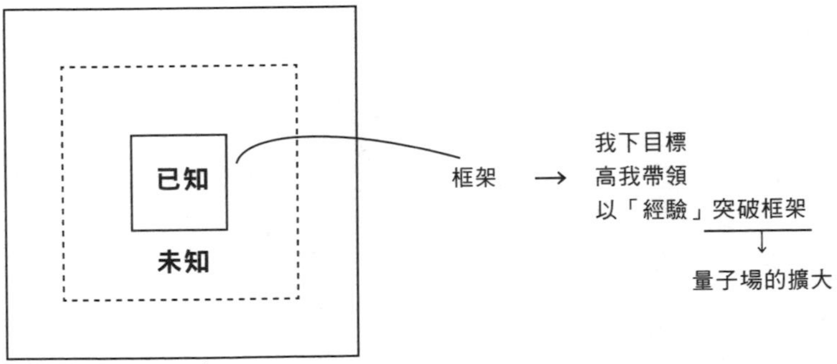

人們稱這種經驗為內在旅程。

❖ 直覺？還是頭腦的解讀？

日復一日，劇本仍在進行著，我的小習慣帶著我渡過種種考驗，內在智慧教導我用正面的思維轉變心情，心情的陷落機率愈來愈低。當心中的擔憂煩惱消失，頭腦裡的雜音就變少了，因為沒什麼好想的了。

要了解，被頭腦雜音控制的狀態，是製造問題的創造。在資源、經驗有限的認知世界中，很多事都變成不可能，一超過界限時，頭腦就會發出不可能的訊號來警告，導致產生緊張和恐懼的心情出現，沒有察覺到時，後面的發展就顯而易見了。

突破框架是名詞，征服恐懼是口號，超越現狀是想像。為什麼我這麼說？因為這是我從人的世界裡觀察到的現象。在恐懼沒有發生時，會非常正向陽光；遇到心中在意的事突如其來的改變時，瞬間就被恐懼征服，完全忘了平時的教導。特別嚴重的是，懂得愈多，就愈會用頭腦裡的知識解讀，和試圖要控制他人，認為自身已經有修練的經驗，所以看的一定比別人正確，發生狀況時永遠都是別人

★放目標

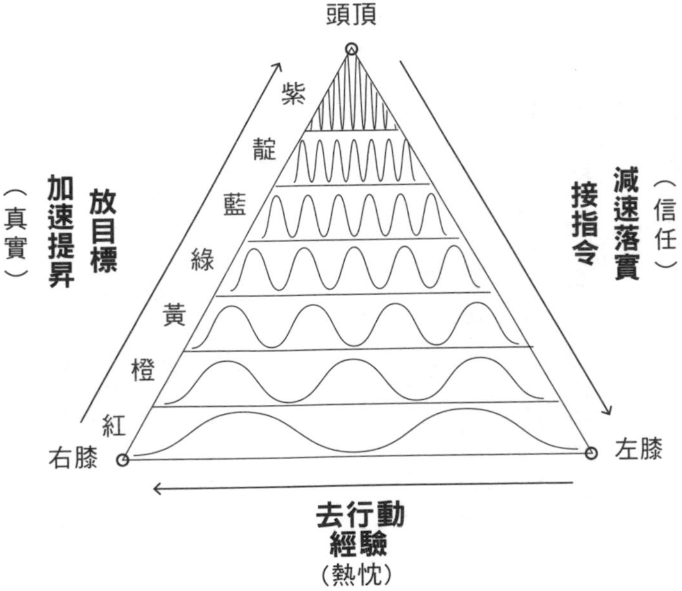

靜心（打坐、冥想）——感受的層次
閱讀、聽演講或上課（思維與觀念）——頭腦（心智）的層次
內在行動指令的執行（與高我合作）——修練的重點，是關鍵的層次

的錯……諸如此類的情形經常發生。

我一直在想，為什麼會如此？有什麼方法可以落實下來，不會只盤繞在知識和道理的層次上？於是我再度向內在請求回應。除了書寫的方法外，高我指引我整理出內在不同頻率所發出的訊息特性，再清楚具體的，將直覺的形式和頭腦的反射動作做了區分，這樣我們就可以在生活中，簡單的依照直覺的行動指令來行動，一步一步的落實下來了。這是個有高度價值的禮物，協助很多人明晰自己的內在，也讓我自己更上一層樓。

❖ 信任內在的指引

當我們一面在進行靈性成長的學習時，另一方面要在生活中鍛鍊信任內在的指引，這是很重要的過程。任何修行或修練，最終的目的都要回到落實的層次。靜心（打坐、冥想）是屬於感受的層次；閱讀和聽演講或上課（思維與觀念）是頭腦（心智）的層次；最重要且關鍵的層次在內在行動指令的執行，這部分是所有修練的重點，也是與高我合作的模式。

也許你相信我所說的，但是你不知道如何做到？只要你願意，書寫是第一個

起點。再來是每天入睡的放目標，你要成為自己的特助和秘書，記錄著每一天發生的事。準備一本全新的筆記本，和多種顏色的筆，用斗大的字寫下日期和第一個目標。我們要起飛了，準備好了嗎？

2 以直覺為行動指令

你的目標一定會實現
除非你給了目標多重的可能性
這並不代表你會失敗
而是你讓多重可能混亂了本來的計畫
然後誤以為自己失敗了
當你仔細去覺知
你會發現每一個你曾想過的部分
都在過程中出現小小片刻與片斷
在法則中，你是成功的
這個成功就像是大雜燴那樣全部湊在一起了
精緻你的目標
專注你的創造
美化你的品德
高尚你的視野
保持你的正向
持續不斷前進
然後，一切就都「對焦」了

認識直覺

❖ 行動指令

直覺是什麼？直覺是你當下由心裡出現的想法，這個想法是行動指令。不是想起過去的人或事，不是由外界（特別是視覺）所引起的反應，也不是看到電視廣告想打電話去訂購的行動，而是獨立出現的訊號。

直覺沒有攜帶情感的能量，也沒有畫面，就只是單純的執行。直覺的能量形式屬於高速振動的模式，要有足夠的空間接收訊號；太過忙碌的生活，直覺很難被感知並落實，這是大多數人的通病。

把直覺放在心裡不去落實，以物質的樣貌解讀，就是心裡放了很多想做卻沒去做到的事。只要有一個最初的開始，依照直覺行動，就會帶來不可思議的神奇；你會讚嘆這其中的巧妙安排，你也會很清楚的知道，這不是你過去會呈現的。直覺的指令會帶你經驗全新的自己，你會在很短的期間完全蛻變。

❖ 配合天時地利人和而顯化出來的機會

直覺不是連續性的訊號，所以不會重覆出現，只會在適切的當下傳送，也就是說，直覺是配合天時地利人和，而顯化出來的機會；沒有在當下跟隨直覺的指令行動，就失去了在最佳時刻經驗的時機，而成為困擾、牽掛或遺憾。

頭腦會對「要身體力行的事」進行判讀，以免一個人想自殺就直接去做，這是保護的設定，因此頭腦也會對直覺發出來的行動指令給出意見。習慣由頭腦指揮行動的人，直覺很難真正被採納。可惜的是，沒有立即執行，就會失去這個行動指令的意義和作用，而且還會轉變為記憶檔存起來，類似沒有執行完成的暫存檔，如果沒有清除或整理，會占去記憶空間，影響整體的執行和運算速度，導致很多新事物無法繼續發展下去。

沒有跟隨直覺行動的人，無法經驗到由直覺帶出來的結果，就很難建立對直覺的信任，更不容易從慣性迴圈中跳脫出來。

由於直覺的振頻快速，相對的，出現的時間就會很短。對於生活充滿忙碌的人來說，時間和空間都過於密集，自然感知到直覺的機率就不高；長期下來，頭腦迴圈的慣性就控制了整個生活，形成個人的定律。

❖ 從內在冒出來的知曉

直覺跟反射動作很像，反射動作是來自外界刺激所產生的念頭，是由頭腦來運作；直覺是從內在冒出來的知曉，不同於反射動作是由頭腦來運作。

直覺要從我們的心去感知，我們的「心」是很敏銳的感知器，像水一樣，能夠無孔不入地到達任何地方。水不會往上流，但它會化成水蒸氣上升，再讓風吹送到它要去的地方；我們的「心」也是這樣運作的，能夠感知到任何事，不受時間、空間的限制。

「心」處在有形跟無形的連接點上，外在的物質世界是由內在的「心」所顯化出來的，因此在物質世界尚未被顯化出來之前，只有內在的「心」有機會修正和調整；也就是說，當直覺的行動指令出現時，你的一個小動作就像小小螺絲釘，牽一髮而動全身的影響到整個世界。我們從蝴蝶效應裡，已經學習到了這觀念。

整個現實世界是由每個人內在的「心」集體創作出來的作品，要擁有安定的家庭和生活，建構祥和的社會與國家，每個人都有責任與義務照顧自身內在的「心」；表面看起來像是個人的行為，但從「我們都是一體的」角度出發，是在善盡自身最基本的責任。

直覺就像生命中奮戰的勇士，使命必達，他的使命就是：我們發送出去的意圖，那是他要前進到達的目標。

穿上勇士的服裝，我們跟直覺合而為一，展現出內在智慧的力量，為建構心目中理想世界盡一己之力。前進吧！突破界限，征服恐懼，超越阻礙。

與直覺合作

過著隨心所欲的生活，是很多人想達到的狀態。「隨心所欲」是順心的意思，生活中跟隨著內心接收直覺的指令行動，這跟由情感驅動的欲望不同。直覺之所以稱為直覺的原因，是內心沒有其他能量的介入和參與，直接了當表露本身能量的訊號，是將內在顯化於外在唯一的管道和橋樑。

❖ 用行動去體驗

直覺的訊號是行動指令，直接與身體合作，這當中不加入思索，與心同步。一開始學習使用直覺，會產生「想要分辨哪一個才是直覺」的問題，這時候唯一驗證的方法，不是用頭腦去辨識，而是用行動去體驗。

當這是直覺的訊號，你會發現，結果超乎你的想像，一切都在最恰當的時機中進行，沒有想像中困難，也沒有你以為的事發生，反而一切都水到渠成的順利。漸漸地，你就能清楚抓到直覺的熟悉度，每一天跟隨直覺的比例愈來愈多，生活就會愈來愈進入優閒的狀態中，因為直覺將你帶入宇宙法則中，順應著整體的流動前進，一切會恰如其分的到位。對於習慣頭腦迴圈的人來說，會驚呼直覺的神奇。

❖ 征服受頭腦控制的慣性

當然，要轉換為跟隨直覺生活，需要一點力量，征服受頭腦控制的慣性。對習慣用頭腦分析判斷的人來說，可能是相當困難的一件事，因為頭腦對於要做的每件事，都會自動的評斷和分析，有了結論再下決定是否執行；這過程中，已經加入了過去的經驗、他人的觀點和對未知的不確定性，導致直覺落實在生活中的機率難上加難。

要過著沒有負擔的人生，讓生命提升到更高法則中去體驗，依照直覺生活是條必經之路。我知道會有很多來自頭腦的提問，但是答案沒有在這裡，因為在你開始要去辨識內在聲音的那一刻起，你已經停下行動的腳步，而錯失良機。

當你過著沒有判斷、有意識的想到就去做的練習，經過一段期間，你的生活會漸漸處在空閒的狀態。你會發覺，自己的心就像是平靜的湖水，有任何風吹草動，都能一清二楚的看見；那時候，你的直覺就會變得清晰可見。也就是說，在你的裡面，已經不太會有頭腦的指令出現，你內心的能量順暢的流動，沒有掛心的事，沒有放在心上的負擔。

相反的，如果你總是在判斷和分辨，那麼就會一直處在掙扎的狀態裡，反而讓自己停滯不前。這過程中會有很多來自慣性的挑戰，也會數度受到過去失敗經驗的威脅；除此之外，來自外界的干擾也會不勝枚舉的出現。這些都是征服恐懼的旅程，是非常重要的經驗值。當慣性被征服，爭戰就會結束，你建立了新的應用模式，成功完成心中渴望「隨心所欲」的生活。

❖ 常見的阻礙——舒適區

由於直覺太簡單，讓我們無法想像，即使想綴飾、用更豐富的方式說明都很難，所以我覺得，提供直覺會遇到的阻礙反而容易一點。

當一個直覺的指令發送出來後，最常遇到的阻礙是舒適區。忙碌了一天，好不容易可以坐下來休息喘口氣，這時候，你心裡突然想到要打電話找某人或去做某一件事，但是隨即「等一下再去」的念頭就會出現，於是這個行動指令被延遲執行，甚至可能忘了。你也許覺得那不是很重要，但是突然間發生了某件事，你才想起，那天曾想過要打電話給某人，如果那時候有打也許就會……這是不是很熟悉呢？我相信很多人都有過不只一次這樣的經驗。

我們來認真看待一下這件事：為什麼我們會在那個時刻想起某人，這個念頭是從哪裡跑出來的？沒有人提起，平時也不會想到，但就在那個時刻冒出這個念頭，你可能從沒想過這是個重要的訊息，跟我們的人生目標息息相關。

我想告訴你，**直覺是「讓一切都在井然有序中發生」的通告**。如果有一半以上的人可以順應直覺行動，那麼整個人類世界就不會發生脫序的現象，每一個發生都在神聖的連結中呈現，每一個相遇都在祝福中。特別是，當我們跟高我一起生活，高我會以直覺來指導我們如何生活，這生活包括了人生所有面向。依照直覺行動，會一步步朝向我們想要的人生前進，你將生活在沒有煩憂卻快速前進的世界中，你能體驗到無數個夢想成真的機會，不斷向前。

❖ 為自己設定好目標

過去在人生劇本安排好的頻率之中，無論如何，你都要配合劇本演出，以完成與所有靈魂的約定。那個時代我們再熟悉不過了，對吧?!現在我們已經演進到創造的時代，可以藉由睡眠中設定每一天要經驗的事物，我們能為自己的人生打造基礎。

很多人疑惑，脫離劇本是可能的嗎？事實上，這不是一夜之間就達到的，而是逐日逐日的轉換，但總有開始的一天，在你的靈魂準備好的那一刻，你就會開始這段新的旅程。

與直覺合作的前題是：我們為自己設定好目標，直覺則是實現目標的行動。這是在劇本時代無法做到的事，因為那時候，所有的靈魂都被設定好了，無論我們如何放目標，都只能在被設定好的範圍裡前進。當劇本時代結束，生命的藍圖就會轉變成由我們自己設定。

直覺的出現，表示目標已經被創造成功，而行動只是前進到那個空間去經驗我們自己的創造，這是完全不同於二元世界的運作。任何與外界人、事、物的關係，都是我們有意識放目標而建立起來的，不再是命中註定的宿命。我們從過去被外在環境控制的狀態，轉移到由內在決定外在環境的頻率。

❖ 如實活出內在真實

也許你無法相信我現在述說的事實，我要如何證實這一點？很謝謝數百位參與【人類新操作系統】的成員們，示現了我正在告訴你的這個現實。如果只有一個人，那不足以採信。在短短不到四個月的期間，有超過百人的證明，而且現在還以倍數的方式成長，我認為這值得欣喜若狂，值得一窺真相的去參與，親身體驗不可思議的新生活。

仍有很多人相信著因果，害怕著業力，我沒有任何說服的意圖，因為那不是我能決定的，因為你有自由意志，你可以選擇走那一條道路。我只能明白的告訴你，**黃金紀元是個人的夢想時代，當你願意選擇用新的法則體驗生命，你才會真正相信我在告訴你的真相。**

大多數人總要等著看到很多人都這樣做時，才願意相信，我要說，那樣的人並不屬於黃金紀元裡的個體，因為能夠創造自己人生的靈魂，不會有這樣的思維。

過去長期的修練，已經讓內在靈性達到一定程度的水平，如果還只是把眼光放在表象上，不能透徹「外在世界是由內在世界建構出來」的真理，那麼，說有內在的修練，豈不相當諷刺嗎？當你的裡面一點創造的基礎都沒有，你如何品嚐由自己創造的人生呢？

把靈性話語當成口頭禪的大有人在，但如實以內在活出真實的，卻屈指可數。業力是存在的，在你相信的世界中，因果也是存在的。你的思想就是因，物質世界就是你的果，有沒有因果呢？當然有，就看你種什麼因得什麼果，你相信的必然存在，而你在經驗你所相信的一切。

不再受到劇本限制的人，就看看我們能為自己的生活帶進多少創意，能激起多麼大的火花；靈魂深處的雀躍，由內而外散發出來，整個生命變得不同，你的心會狂跳、驚呼這不可思議的來臨。我邀請你進來，這不再是幻象，而是實相，是你的眼睛會看到、身體會經驗的現實。

我們的地球已經在這樣的新頻率了，親愛的每個人，經過長長的粹煉，舊時代的制約已離去。打開手、放開心，毫不畏懼的走進去，有愈來愈多人住在這裡了；這裡是桃花源，你只要願意相信，放開擔憂和害怕，你就能經驗到。我不是在說道理，是事實。

❖ 使用內在的「心」來調整

每個人的心就是創造的源頭，當我們有能力安定自己，就有能力建構安定的社會，這是整體的基礎所顯化出來的物質世界，是由現在能夠創造的每一份子所構成的。我們發送意圖出去時，所有人的意圖凝結起來交錯連接，形成集體意識。

現在進入創造的人，開始有意識地「造因」，就會形成有意識的果實，讓創造者經驗。初期有的人跟隨直覺，有的人沒有，導致了誤差，所以需要一段時間來鍛鍊。我們會發覺，內在的制約顯化為現實世界中的障礙和困難；所以，要從根本思想中去調整，重新找到更高的視野來修正，回到跟隨直覺行動，使用內在的「心」來調整，就會一步步跨越外在現實世界的問題。

然後，你將從生活層面上顯化，你會覺得，一切事情的進行少了很多阻礙，不用一再地解決問題，生活品質提升，內在的「心」也就愈平靜。與直覺合作的生活，就這樣日復一日的被建構出來，這是新頻率的生活。保持「心」上沒有負擔和包袱，直覺就輕而易舉地水落石出。

❖ 向能量學習

本來我們的「直覺」跟「心」是相當密切的合作伙伴，彼此間緊密的幾乎沒有空隙，是信任的基石；只是「心」太容易被影響，當「心」失去了自己時，直覺就像失去知己的伙伴那樣，也沒了方向。

接下來我們再進一步了解，直覺會遇到的挑戰是什麼？是頭腦裡的解讀。一般人對未知的恐懼所採取的態度是退縮，那是發自靈魂深處的雀躍，卻被頭腦負面解讀。由於未知是新頻率，我們的頭腦對陌生的頻率會事先防備，當確定平安時，才會卸下心防；所以，**練習去熟悉由心裡發送出來的訊號，就能降低過程中不斷衝擊的考驗。**

你可能會覺得很矛盾：為什麼要那麼複雜？我承認這的確很複雜，我也是花了好多好多力氣才明白為什麼如此。基本上，經過那麼長久的生命演進史，這條進化的道路相當漫長；我們夠幸運了，至少到目前為止，我們已經跨了好大一步，前進到新文明的起始點，而這只是重整階段的初期而已。

高我藉由直覺告訴我們接下來要做什麼，我們信任高我，所以不會對直覺有任何質疑和猜忌。這一來一往中，我們一起體驗了「實現」，實現我們自己設定

★新頻率，新法則

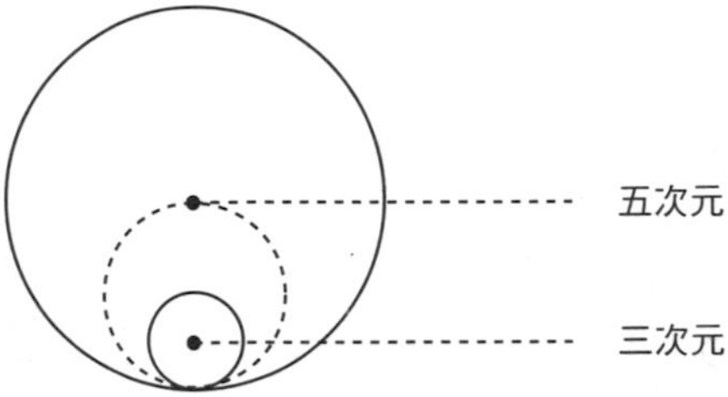

地球不斷在長大、改變，頻率提昇到五次元，
舊地球被涵蓋於新地球之內

創造法則
（立即成真）

劇本法則
（有時間差）

時間線

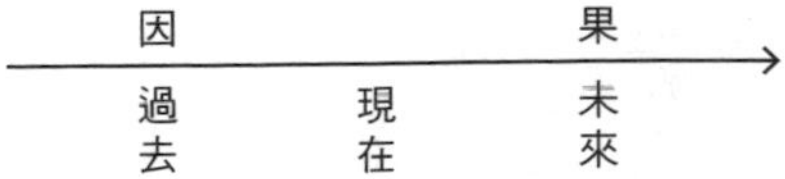

平面的
二元的
只有二個答案(共存)

的目標，體驗我們想要得到的結果。在新頻率的生活中，高我、直覺、行動、體驗，是一體和諧共振的節奏，我們才可以在這節奏中享受生命的美好，也能在這個時代經驗了自身的完整性。

我們是由粒子振動組成的意識主體，這個主體點亮了所在之處。**向能量學習，了解能量的語言，看看能量在講什麼；與直覺合作，你就會深刻的理解，我們都是能量的振動。**

舉例來說：緊張是一種能量，透過內心去感受這振動。如果我們明白這個原理，那麼緊張只是我們附加在這股能量上的思想；向高我請求指引，讓你明白這股能量的作用，就能在明晰中經驗創造的顯化。當你的創造要實現了，你的「心」會用興奮的頻率在跟你說：我們的創造成功了，現在就是要行動，去經驗那個創造的美妙時刻。

所以，「直覺」的出現是個好消息，表示你的創造已經成功，可以經驗到了。當一連串的直覺接連著在生活中出現，你會發現，所有的一切都在你的創造之列裡，你就再也不會懷疑自己，你也完全脫離了劇本設定。這是與直覺合作後，最終會達成的狀態。

你對目前的生活有多少想要改變的地方，你為自己提供服務和創造的機會就愈多，速度快慢完全取決於你。

列出你想要調整的各個面向，然後逐一安排成為目標，在睡前進入設定的第一個步驟，新生活就會展開，然後我們就可以邁進下一個階段：睡眠中創造的旅程了。

進入睡眠中創造的旅程

❖ 睡前放目標

每一個早晨，我在聆聽教導中醒來，起身記錄一段出現在心裡的話，成了激勵自己不斷前進的力量。

白天發生的事，成了我入睡前跟自己對話的題材。在睡夢中，我可能做夢，可能一夜好眠；一覺醒來，我漸漸習慣收取教導。說這是教導並不為過，我經常是在這教導中忽然放下心中的糾結，有了不同的想法和觀點，那一刻，我的心變得清朗和輕鬆，也明白每一個事件背後真的都帶著禮物，來讓我學習和成長。

一天一天過去，這成了我的習慣；日復一日，我的生活逐一轉變，從片面到全面。我不再害怕不順利的事情發生，也不再擔憂，從一個整天胡思亂想的個性，變成天真坦直、沒有煩惱的人。

這是創造的開始，我在不知不覺中，建立這樣的習慣，如同書寫般，只是簡單的生活。是書寫讓我明瞭內在智慧的取用之道；而睡前放目標，則是創造的起步。

❖ 每天設目標

在自動書寫裡，高我告訴我：

每晚當你入睡，你離開了這個身體，回復成意識的主體，自由移動在時空之中。當你有意識的在睡前設定你要體驗的事物，你就會攜帶著這個目標的資訊，離開目前頻率的物質世界，然後移動前往與設定和諧共振的空間。你在那個空間醒來，雖然表面看起來一樣，但那已經不是昨晚你入睡的地方，而是另一個平行世界。

我聆聽著這個教導，開始在睡前放目標。我發現，當我這樣做時，我可以在白天就清楚的經驗到目標的顯現。有時候目標需要時間，因此我只要記錄自己是何時放的目標，知道這個目標一定會實現。我在高我引導中設定目標，每一天我都至少會設定一個新的目標，這是建構理想生活的步驟。

目前我的生活，已經有大部分是經由我有意識建構起來的，所以除了書寫之外，我再分享關於睡前放目標的方法，這是【人類新操作系統】裡很重要的步驟：

操作 **睡前放目標的步驟**

1. 回顧白天發生的事，書寫後，訂出目標→精簡的文字
2. 11:00pm ~ 1:00am，把目標（文字）放在前額葉，放完直接入睡，心境保持愉快
3. 睡醒不睜眼，先回想起目標（今天我要＿＿＿＿＿）→再次校準主體意識所在的空間
4. 睜眼立刻記錄
   - 夢境
   - 回想目標時，閃現的訊息
5. 白天留意直覺，依據直覺行動

★大腦的轉檔

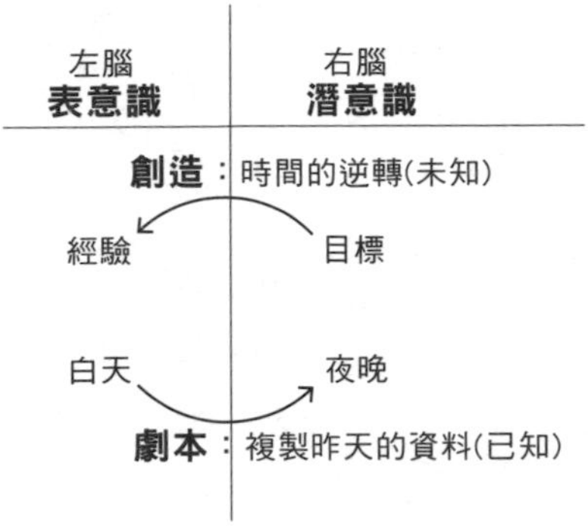

23:00 大腦的轉檔

白天的表意識　2D
↓
轉檔
↓
潛意識　3D，非平面的影音檔
↓
松果體
(比對、校準)

❖ 白天是睡前設定的顯化

對多數人來說，睡覺是件很平常的事，卻不了解，睡前是多麼寶貴的時刻。每晚睡前有意識地去設定醒來後要經驗的事件，白天就會是睡前設定的顯化。在一夜之間，我們就能決定白天要發生的事，這是多麼令人驚喜的發現！我們的一天變成從夜晚開始，一日之計在於晨似乎要改寫了。

量子力學描述的「疊加狀態」證實，我們的想法決定了結果，這個發現，讓我們看見物質世界另一個新樣貌：只要願意一切朝正面的方向去想，就能完全改變現在全球的混亂。仍舊有很多人不相信這個事實，即使有相當多的證據可以證明，人們還是停留在眼見為憑的無知中。我深信不疑的原因，來自過去無數次的經驗：我嘗試著拿掉舊有的觀點，重新去看待每一件事，並且努力去征服心中的不信任；我的確體驗到量子力學裡的理論，並俱顯為事實。

❖ 更新自己舊的信念系統

現在我透過【人類新操作系統】，熱烈積極地分享著如何達成完美生活的方

★疊加狀態

念頭，層層疊疊互相抵消，最後的結果
是那個「多一次」出現的念頭決定，
那何不「只想一個念頭」，就簡單多了。

法。要想完全改變人生，我們的根本信念有很深的作用。透過書寫，一層一層向中心探索，找到根植的核心，然後立即修正，就會在生活中體驗到全然的不同。

找到舊的，然後以新的取代，這個動作是在更新，更新自己所有舊的信念系統。入睡前設定目標，是奠定新人生的基礎。假如我們不往玄學或哲學的角度來衡量，就會發現，一切其實很簡單，這裡面沒有宿命的色彩，沒有審判和業力的恐懼，更沒有空靈想像的不切實際。

一個人所認定、堅持的想法，的的確確決定了他的一生。我們身邊的朋友以及我們自己本身，就是最真實的例子，無須太多故事來佐證。講不通、觀念和理念不合的現象，每個人都一樣碰過，這不是新鮮事；只是過去有太多人深陷在學問的塔裡，把生命當成學問研究，也將人生看成贖罪來過，更用每種不順利當成修行的理由和藉口……一大堆舉不完的例子。在量子力學被證實之後，一整個舊有的信念系統瞬間崩塌了。原來，那麼多以為和想像的根本，其實就在看似微不足道的思想裡。

量子力學中提到光粒子，光的粒子組態攜帶了資訊，透過幽靈效應（這過程沒有任何管道或連結，所以稱為幽靈效應），在另一個空間產生糾纏，將某地的粒子傳送到另一個空間。人類已經成功傳送了數千個攜帶資訊的粒子了，這表示，

★每天「持續」放目標

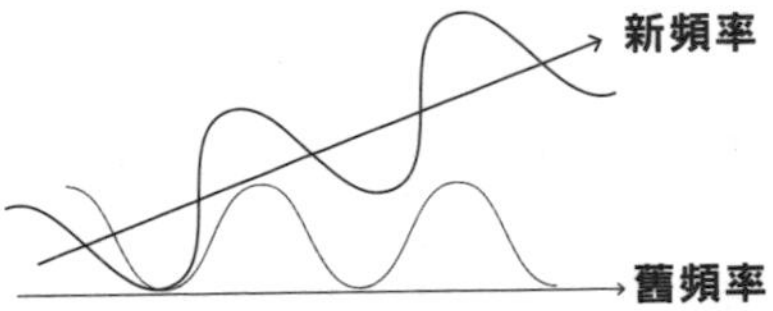

有設目標，主體意識重組。
粒子的組態，移動到目標的空間，
有意識的更新自己。

沒設目標，只是重覆前一天的資訊。

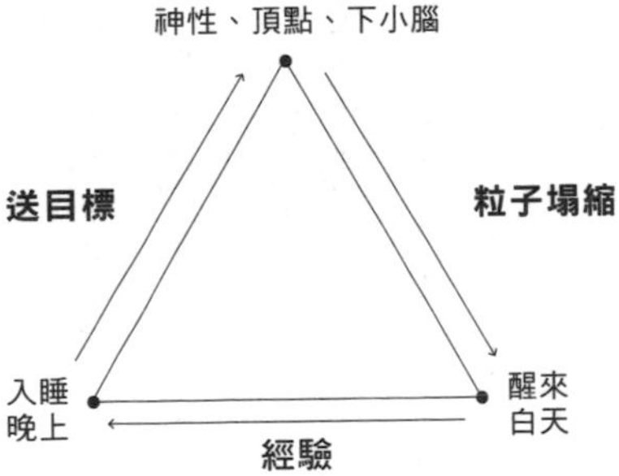

從甲地到乙地是不需要交通工具的。（參見課程影片）

想想看，我們的時代隨著科技一躍千里，光是這一點，就已經明確地告訴我們，舊有途徑並不是唯一選擇，我們有超乎想像的各種未知，能夠達成任何夢想。這一切並不是夢，是事實，只是你跟上腳步了嗎？這些對你來說仍屬於知識，或是你已經體會到，而且生活在其中了！

我不是科學家或物理學家，專業研究不屬於我的領域，提出量子力量的原因，是藉由實際驗證，來讓頭腦發達、想要找到理論的人而準備的，目的是想傳達一個實實在在的答案：地球已經不同了，居住在地球表面的人民也改變了。一百年前的人跟現在的人比起來，人類集體的想法有極大轉變，這中間的落差是數千年來最快速的一次，在各方面都是如此，用日新月異來形容相當貼切。

我不以修行或靈修的介面來解釋和說明，那些話語充滿舊有的色彩。單純從每天都需要睡眠的生理機能而言，能夠帶著「一天完成了，然後睡覺是創造的時間」這個想法進入睡眠，我想對大多數人來說，這是沒有嘗試過的。幾乎每個人都會把今天帶到明天去，也會把昨天帶到下個月，甚至更久。沒有人會在一天結束時，把明天當成全新的開始；把昨天的問題帶著，今天的煩惱帶著，這些都是屬於粒子組態裡的資訊，我們攜帶著入睡，就會攜帶著醒來，每天都在重覆裡度

★放目標，以切換到新頻率

網格細密

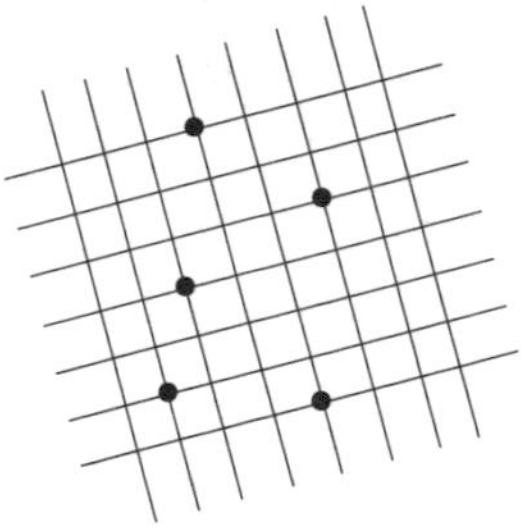

網格鬆散

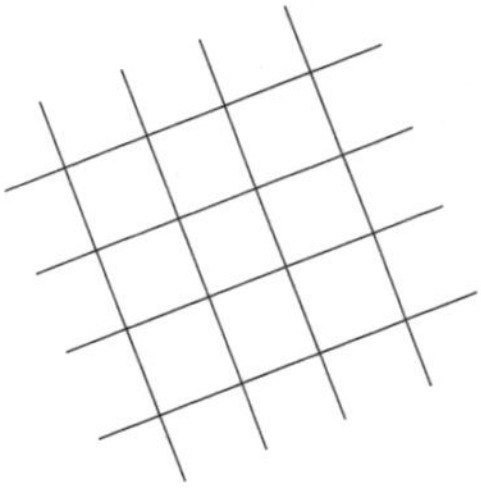

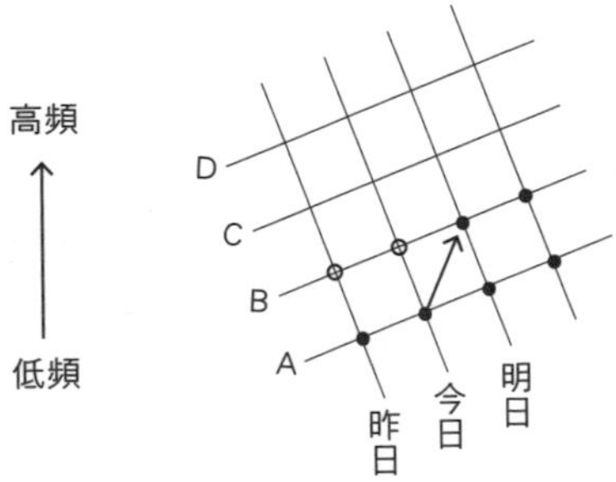

睡前放目標

醒來由A頻率切換到新頻率(平行世界) B
B 頻率有 B 頻率的過去
讓自己穩定在 B 頻率中一陣子
再移動到 C 頻率

日。

我知道，要一下子完全改掉，那是不可能的事，所以才會每天修正一點點，入睡前攜帶部分新資訊，當要回到物質世界的時候，粒子就會以攜帶的資訊重新組態，然後共振到與新資訊相符的空間醒來，也就是平行世界。那個平行世界可能跟舊的空間相隔遙遠，也可能一線之隔，就看你為自己設定的目標是什麼？由於每一次的更新都是一小部分，不可能一夜醒來完全不同，否則我們自己也不一定能承受，不是嗎？

❖ 體驗有意識的創造

仔細記錄設定的目標是坐落在哪一個面向的改變，然後在日常生活中保持覺知地，去觀察那個面向是否有在起變化，你就會真正體驗到，什麼是有意識的創造。

為了讓設定目標配合生理機轉，每天晚上的十一點到一點之間，是地球每天的轉換點，我們如果可以配合這個時間，進入深度的睡眠，就會更不費力的移動到更高的頻率，也就是說，達成目標的機率會相對提高。這是建議，當然，現代人的工作及生活，要在晚上十一點前入睡是有點困難的，我只是提供這個訊息，你可以自行調整。

再來是每天你醒來的時刻，可以練習不設鬧鐘，然後放目標設定「自動醒來」，看看會發生什麼事，你會體驗到那份神奇。我保留這個空間，讓每個人自行去體驗，相信每個人都會有豐富和不凡的收穫。

長年下來，我已經習慣自動醒來，我說的醒來是指意識回到物質空間。我會在張開眼睛前，先在腦海裡，將入睡前設定的目標再想一遍，然後看看腦海裡會有什麼樣的想法或念頭出現。這感覺就像是打開電子信箱讀 E-mail 一樣，會有靈感下來，而且經常是很棒的內容來讓我明白，我會在讀完之後起身記錄。因為我已經有無數次經驗，一盥洗完之後什麼都忘了，怎麼想都想不起來剛剛腦海裡的東西。所以無論如何，就算是拿著紙筆上廁所也行，就是一定要記下來，否則真的就會跟著馬桶沖走了。

❖ 將頭腦和心轉變成和諧一致

有時候會做夢，我也會把夢裡的內容寫下來，然後標示做夢的日期，以便和

書　寫 → 專注、淨心
設目標 → 轉念

接下來生活中發生的事相對應。【人類新操作系統】其實**是將頭腦和心的工程轉變成和諧一致的生活鍛鍊**。以往我們總在心裡、頭腦裡想著想著，然後生活中做了很多跟「想」無關的事，像是支離破碎的木偶一樣，頭、手、腳、身體散落一地；頭腦裡說不行，心裡想要，手腳不自主地做了卻否認，因為搞不清楚自己到底要如何……等等之類的情況層出不窮，偏偏痛苦就是這樣來的。

整合自身的內容物，是很浩大的工程，也是腳踏實地做人的根本。找出自己的中心思想主體，再逐一去修整，那麼，粒子裡所攜帶的資訊，就會是有意識的組態，也就是攜帶著光。光粒子能賦予萬物生命，產生我們想要的結果（物理現象），量子力學帶我們走進生命的另一個世界中，而我們也在這個新世界中，體驗到全新的自我。

前面我提到，醒來時先不張開眼睛，這是因為，當眼睛張開、汲取到光的時候，光裡面的資訊就會啟動大腦皮質去做校準的動作；如果我們在張開眼睛前，先自動對焦新的資訊，就會平衡自己，把指針對準到新的頻率上；這時候再張開眼睛時，大腦皮質已經內鍵新的程式，就會依據新的資訊校準，以符合物質世界的頻率。因為當我們想起入睡前的目標，就等於再一次提醒自己，這是個全新的一天，我們即將展開目標，實現的旅程，就在這一天！在這種情形下，每天的心情都會是好的、喜悅的，就算發生了不順利的事，我們也會漸漸地有能力在一夜之間就轉念，而用設定目標的方式來讓一切改觀。

我發覺，這樣的方式，能夠讓人很實際的把注意力放在自己身上，符合從古至今的至理名言：把力量從外面收回來！你不在外面，外面是由內在被創造出來的，只要回到內在的中心點，你就能掌握物質世界的一切。

體驗新視野

設定目標並不難，你可以隨意，也可用心。

❖ 學會樂觀、感恩和轉念

真心想要改變的人，不會用測試的心態設定目標，更不會從內在去否定自身的能力；只有分離思想的人會用測試的態度，因為你認為我們是不同的個體，所以我提出來的方法是屬於我的，針對我提出來的論點做測試，卻沒發覺，你測試的不是我的人生，而是你自己的。這個測試的能量在你之內，你在測試的是對自己的不信任，並不是我的對或錯。

套用高我給我的教導：

你對自己用懷疑的態度，那麼你就會從外在世界經驗到他人對你的質疑。這是你自己的創造，如果你願意相信自己，也明白內與外是沒有分離的，那麼一切都只是在經驗你自己而已，沒有別的人存在。任何人都來自你的創造，你懷疑自己的創造，你就會經驗到那份懷疑。

這是新的視野，也是一份挑戰。從我們對自己和他人之間相互猜忌的行為就能看出，我們有多麼嚴重的分離思想！那是小我的視野，沒有認出這個行為，就算嘴裡說再多的合一和感恩，都無法體現在真實生活裡。

跟高我一起生活的好處很多，其中最令我感謝的地方，就是看事情的角度。我從高我的世界裡看出去，學會了樂觀、感恩和轉念，更具體的收穫是：我能在每一件事情上找到禮物，並將這禮物帶進生活中成為助力。這對我來說是極大的恩典，沒有一件事是挫折和困難，所有的發生都會是神聖的顯現。

我深刻體會到意識流的能量與影響，每一種情況，高我都能引導我化阻力為助力。我不知道你對這是否認同，但我相信，這是用金錢買不到的。在與高我合作中，我的中心思想被一點一滴的建構起來；我也會遇到阻礙和挑戰，但那對我及高我來說，已經是收禮物的時刻，而不是黑暗的來臨。

❖ 設定文字目標

「睡前放目標」是與高我合作的基礎，準備好心情，讓自己靜下來，坐在床上，把心裡的話寫出來對高我說，委屈、不舒服、困惑、痛苦、希望……都是我們跟高我談話的內容，記錄自己跟高我說了什麼話。隔天醒來，高我會帶給我們全新的視野來重新看待。我經常這樣在一夜之間，就完全離開負面的能量，沒有什麼特別的方法或途徑，就只是在睡前這樣做而已。

假如你夠敏銳，你會發現，自己心裡的對話就像跑馬燈一樣，在你的腦海裡閃過，那個位置就在兩眼上方額頭的部位，醫學的名詞是「前額葉」，這個位置有很多種描述的說法，有第三眼、印堂、神聖之地……總之什麼稱呼不重要，重要的是這個位置。我們在心裡想的話，會化成文字出現在那裡，就像投影機那樣，把我們心裡想的畫面或想法投射出來，那裡有一個眼睛看不到的空間。

你可以練習閉上眼睛，然後想想昨天或前天發生的某一個場景或片斷，或想起家人的臉……這樣練習，就會明白我在說的那種感覺。你可以閉上眼睛練習，也能張開眼睛去想，你會發現那是個影像，過去發生的事是影像，但是未來呢？未來如果尚未發生，是不會有影像的，除非你把過去的影像複製成未來，那麼你

★大腦的功能

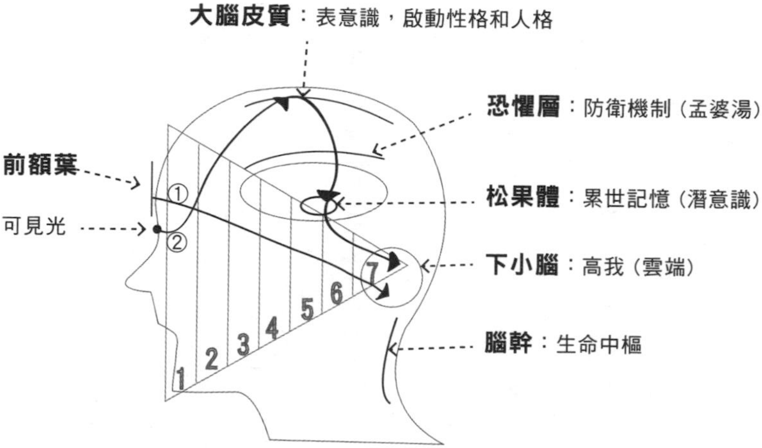

大腦皮質的功能：不斷比對/校準已知，即判斷、分析、比較、介入

放目標：物質界 1、2、3

↓

潛意識：3、4、5

↓

下小腦：高我 5、6、7

以為的未來，其實是過去的複製。正常來說，沒有人能對未知產生影像的，因為無法想像。

【人類新操作系統】裡的設定目標，跟吸引力法則不一樣，因為放目標是跟高我合作，高我會以全新的樣貌和途徑來讓我們體驗，所以設定目標是以文字來做代表。在文字裡有意識的振動模組，與影像的層次不同，同樣是創造，但文字不會被過去的經驗綑綁設限。

❖「放空」讓我們體驗到生命的無限

舉例來說：「幸福」這兩個字，每個人的感覺和標準不一，無需受到特定場景或氛圍環境的制約，那麼，我們就允許「幸福」以更寬廣的面貌，呈現在現實生活中。假如用影像來設定，人們就會執著在與影像相符的標準中尋找，只是不一樣就判斷沒有實現，反而疏忽了實際上已經發生過的時刻，這是很多人會遭遇到的情形。內在信任不夠的人會有這層疑慮，害怕高我會誤解或是破壞本來的計畫，擔心想要的不會實現……所以才會執著在特定的面向上。

對高我而言，放空（釋放出足夠的空間）是必要的，因為那樣能讓我們體驗

★放目標的迷思

目標

1.文字化 → 清楚描述狀態（要經驗到的結果）

2.超越你的現狀，有點可行又有點難度（三天內達成）

3.可以只有一個，每天越來越大

4.I AM（我「是」目標）

目標的迷思

1.圖像 → 過去的記憶，非創造

2.解決問題
- 還貸款 → 解決問題 → 問題必須一直存在才能解決問題
- 高收入 → 脫離現狀

3.一個目標涵蓋所有層面

到生命的無限；擔心、害怕，就會將能量局限在框架裡，不僅無法讓高我展現，更是讓自己顯得無能為力。高我發現到這個現象，所以在【人類新操作系統】中的設定目標，一開始就以文字為主。

高我教導：

任何的創造都是能量，文字裡有我們最初的意圖，爲什麼要選擇這幾個字當成目標，在你的意圖裡，就已經明顯表達出來。起初你一定會從物質表面的目標設定起，漸漸地，你走向自己的心，設定的目標就會轉變，愈來愈靠近你眞實的心；那時候，表面的事物就會轉爲依照你的心設定的那樣展現出來。你的外在世界會靠近你眞心想要的生活，而不是強迫你的心去迎合外面的世界。

這個教導讓我放下很多執著，也讓我從表面走進裡面，打造自己真心想要的生活，也因此，我總有出其不意的驚喜和感動，更在其間體會到高我是真正的知己。

過去我對「有意識」三個字有想像，不知道那是什麼力量或能力，以為需要某些鍛鍊或修行才可以，卻不知這樣簡單，就是這樣做而已。「看見自己的思想」，這是多麼白話直接的話語！要看見就寫下來，寫下來就看見了。以前我還在半空中抓鳥，以為自己只要靜心就能看見，也曾自以為是的認為自己沒有負面的想法，結果在書寫中無所遁形（除非我不誠實的對待自己）。明明心裡就是在想著對錯，只是沒說出來，就以為自己沒有；那一瞬間可能很短，但事實上，在想著對錯時，就已經存在著判斷和評價了。

「有意識」其實是跳出來看自己的言行舉止，無時無刻觀察著自己在做什麼？想什麼？講什麼？抓住自己的每一刻，就是專注，能夠保持在一個時時刻刻的專注上，就無煩雜的事可做了。

❖ 內外整合，活出更高自我

既然設定目標是以文字為主，那麼我們要準備的功課就很有趣了。首先，針對第一個設定的目標展開探索，在紙上把這個目標當成中心點，向四周延伸出去，看看我們想從這個目標實現裡獲得什麼？當你這樣做時，你會發現，很多自己不知道的內在和信念，是如何在控制著生活裡的每個細節；然後你也會在這趟發現的旅程中，放下及修改了許多，讓自己內與外做個大整合。這不是小事，是大工程，需要一段期間來做，而且要配合現實生活中每天發生的點點滴滴來調整，是相當實際的操作。

我把很多靈性的概念化為行動，落實在每個層次上，把幻象破除，回到最真實的地方扎根，這時候，就是原形畢露的驚險時刻。我們在兩天工作坊裡，看到無數靈性工作者無法回歸現實的狀態，逃回舒適區是最常見的選擇；反而是毫無修練基礎的人，輕而易舉的就跟高我合作，創造成功。

我期許這些人在兩天工作坊結束後，回到各自的領域，在生活的每個面向上與高我一起創造，讓高我的能量能參與到社會每個角落，以全新的思維改造建構。我相信靠每個人的投入和參與，新的社會會在大家的創造中成形。這個目標，我放在現階段的人生旅途上，樂於見到所有人活出自己，活出更高自我，實現夢想。

每天都是一個平行世界的顯現和體驗，我們可以是昨天的複製，也可以是全新的誕生；過去的就讓它過去，永遠有下一個今天能讓我們創造，不用執著於今天如何。這階段是在讓我們練習的，別對自己太嚴苛，放輕鬆去享受每一天，只要記得每天設定的目標，記錄每一個階段，時時刻刻藉由書寫來重整我們自己，生命會反轉、會改變，每個人都能實現夢想。

去除你心中那把衡量的尺，用真實的心去創造，就會在內外找到平衡的焦

★落實

人一出生是三角錐體
沒有特定的方向（滾動）

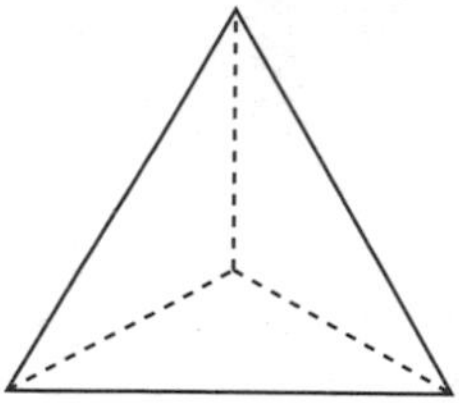

↓

有了四面體才穩定
即落實

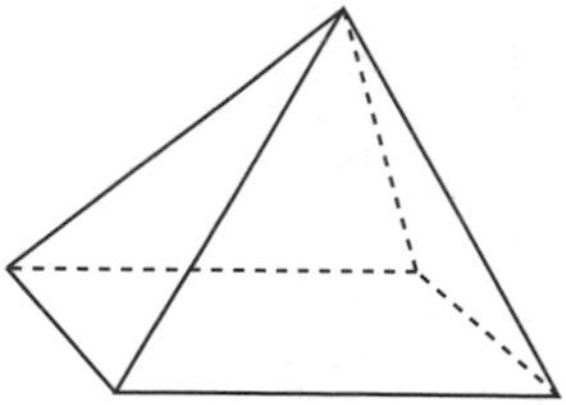

點，人生不再模糊不清。這個過程需要同伴相隨與支持，有輔導師們一起參與在裡面，陪著每一位從【人類新操作系統】結業的彩虹新人類成長，高我集團守護著每一個人。

在現實的物質世界中，要做到利人、利他、利己的事並不容易，只有當每個人都依循高我的指令行動，才能以更高的法則，實現這個烏托邦的夢想。這無法用人為去操縱，因為每個人的高我都參與在其中，我們被觀察和注視著，以和諧的頻率擴大影響力，我相信美麗新世界的成形指日可待。

操作 前額葉鍛鍊

「前額葉」在兩眼上方額頭的部位，我們在心裡想的話，會化成文字出現在那裡，就像投影機那樣，把我們心裡想的畫面或想法投射出來，那裡有一個眼睛看不到的空間。你可以練習閉上眼睛，然後想想昨天或前天發生的某一個場景或片斷，或想起家人的臉……這樣練習，就會明白我在說的那種感覺。

Part 2

理論篇

3 重新認識創造的法則

如果你希望世界更好
那麼第一步你要建全自己
用自己的力量讓生活過得更好
第二步你要將自己投入這世界
用自身的力量影響身邊的人事物
此外，別無二法

情緒：粒子飽滿卻粗糙，振動大
感受：振動較細膩

心的工程

二〇〇六年我帶領《與神對話》的讀書會，書裡有句我記憶深刻的話：「感受是靈魂的語言。」當時我正走在療癒的旅程上，針對「感受」，我花了好多精神，仔細在生活中觀察自己，發現一個被忽略的真相：多數人被情緒的能量淹沒，分不清什麼是感受、什麼是情緒，這兩種能量加起來就是情感。

❖ 釋放情緒

情緒的粒子飽滿卻粗糙，振動大，而感受和情緒比起來，振動是相對細膩的。所以，感知較敏銳的人經常受情感問題困擾，反之則容易被情緒的能量控制，對感受毫無感覺。

為了要更貼近了解每個人自己的靈魂在表達什麼，必須釋放情緒能量，降低情緒粒子的振動比例，這樣，我們的內在就會騰出空間，感知到心裡的感受。這就是「情緒掃毒™」，方法很簡單，就只是利用交感神經的作用，結合水性簽字筆（紅、藍、黑），以左手畫畫的方式，將右腦的能量下載，導引在黃色的紙上。

很快地，畫著畫著，表層情緒真的不見了，人們會看見更深一層的真實：心的狀態。持續一段時間後，人們開始有能力感受到情緒的存在，而不會受到情緒的干擾和控制，而當內在壓抑的能量被抒發出來，磨牙、富貴手、失眠、白髮……居然不藥而癒，這證明了情緒對健康的影響。

在二〇〇六年，情緒仍是很多人不了解的頻率；經過那麼多年來，我發現還是有很多人無法分辨情緒和感受。這是非常重要的覺知，無法覺知靈魂（內在）在傳達的訊息，我們很難靠近真實的自己。

❖提高感知力

情緒是感受的包裝紙，只有感受才是最真實的本質。如果我們在修練時，把情緒能量釋放出來後，卻沒有導引到覺知感受的存在，那麼釋放出來的空間，很快的又會被舊有的情感模組填滿，於是不斷釋放也不斷製造，永遠釋放不完。

面對感受，人們才會更貼近「心」，心平靜了，才能慢慢接收由靈魂傳達出來的「靈感」。靈感是美麗的禮物，你能透過靈感畫畫、書寫、舞蹈、產生創意……

把靈感落實下來，你生活裡的元素就會變得多元有趣，這是另一種不同的生活。

❖ 認知的重建

針對「心的工程」，除了提高我們的感知力外，另一項重要的作業是「認知的重建」。

感受、定義、解讀是三位一體的能量，界定了心的品質，要讓心來表達，那是最真實的。過去的記憶障礙了心的功能，心只有當下，記憶卻是頭腦裡的東西，如果我們一直活在過去，總是想起以前的事，於是心就會根據這個記憶來回應。這形成了一種現象：不僅是將現在當成過去，也同時讓心籠罩在記憶的氛圍裡，不斷重覆。

所以在釋放了情緒的能量後，很重要的一個步驟即是認知的重建，這樣才能終止舊有的情感模組重覆製造出相同的情緒；也就是說，釋放不能只擺在情感層面，必須要連同思維一起做清理，才能重整心的感知狀態，停止讓過去的模式再度複製。這是選擇「讓心開始以真實樣貌感知當下」的開始，也是我們進入「依心而活」的重要關鍵期。

認知重建是很精微的工作，因為思維的振動又比感受更快速與細膩，取決於覺知力，當然這跟地球的頻率是相對應的。

當我們跟自己的心愈來愈熟悉，信任的基礎就會產生，因為我們把注意力從頭腦轉移到心，不再對過去發生的事作出反應。也就是說，以往你會把某些情況放在心上，久久不能釋懷，但是當你回歸到自己的心，同樣的情形發生，你卻不在意了。這是其中一種最常見到的狀態，這反應表達出新的自己正在成形。

漸漸地，外在世界會因為我們將注意力轉回內在，於是開始對焦於我們的心，心處在什麼狀態，外在世界就會如實的呈現。當我們到達這個狀態（過程的長短因人而異，就看每個人對自己下的功夫如何），你的生活會在不知不覺中走向「隨心所欲」。根據這個法則，你可以回來檢視自己的狀態，有哪些面向仍處在被動、不得不的情形，把那個面向當成修練的主題。

❖ 聆聽「心」

除了釋放情緒之外，要更貼近自己的心，然後練習聆聽「心」。無論外界發生什麼事，我們要記住一個原則：**任何內心的反應，都不需要去壓抑，只需要去看**

見，然後寫下來。你可以自行在家練習「情緒掃毒™」，做完「情緒掃毒™」後的書寫，能夠幫助我們看見更真實的面向，提醒自己不被假象的現實推著走。

讓外界決定我們生活品質的途徑，會壓抑我們活出自己，每個人的言行舉止都不可能如我們所願的展現；讓他人來決定我們是誰，是選擇把力量交給外界。將注意力轉移到我們的「心」，這需要一小段時間，你要給自己信心；而且慣性會把你拉回以前的模式，你要隨時隨地的觀察自己，也就是緊盯自己的每個反應，一次又一次，舊有的慣性會在我們的觀察中愈來愈少，轉而由新的模式取代。

這段「由外向內」轉成「由內向外」的過程，需要建立另一個新的認知檔案，以便迎接真正「心」與「新」的頻率。建立新的認知檔案有幾種方法，你可以多去閱讀新思維的書，在進行「情緒掃毒™」時釋放表層的情感能量，這是很重要的步驟。再加上下一個步驟「細胞運動™」，這是書寫的延伸，這麼做，內在的部分就大約已經整合為一體，只剩下落實的旅程了。

❖ 粹煉

鍛鍊一顆勇敢、堅定、不畏懼、慈悲的心並不容易，至少在這之前，我們自己本身要有能力不受傷。「受害者情節」是病毒，這個病毒會導致心受傷，只有根除受害者情節，才能保有健康的心態，並完全免疫，這是我多年來觀察到的心得。「受害者情節」導致加害者和救世主的誕生，是二元對立法則下的產物，劇本如果設定在這三個角色下演出，是永遠不會停止的。人生的挫折在所難免，健康的心態能保護我們在人生旅程中安然無恙。

粹煉是生命的常態，不要為了逃避粹煉而學習，因為不可能有一種學習能斷絕生命的粹煉，所有的學習和修練，都是在迎接更高度的粹煉而生。別害怕，高度的粹煉並不是指你會遭遇到重大的挑戰，相反的，愈高度的粹煉愈是細微，是在覺知的精微度上，而不是物質世界的事件上。

粹煉是內心進入一種狀態裡，也許是莫名的失落、恐懼、不安和低潮，那時候會自然而然的產生不被干擾的環境，讓你獨處，有時長有時短，我稱這個為內在的閉關和出關。每發生過一次，你會有很豐碩的禮物（領悟），知道這次粹煉的目的是什麼；你會發現，自己成為生活圈中的分享者，你開始脫離舊有的生活模式，抱怨、倒垃圾的情況逐漸遠離你，你變成了提供領悟的人物。在交談中，朋友跟你的對話內容變得有建設性，彼此都能有美麗的激盪產生而成長，不知不覺這已經是一種模式，新的生活模式。

粹煉的時候，你能做什麼？靜默，不多話，只是跟那個心情一起。其實不是一開始就能這樣做到。突然莫名的心情不好，有時煩燥的讓人想發脾氣，你也許會誤以為是別人造成的。當你開始練習轉移注意力回到心中，你會發覺，好像並不是這樣，是自己先有這樣的心情，才會遭遇到這樣的事。這是很重要的過程，你能從這過程中發現，「心」才是決定外界事物的根本，然後確實回到內在，整治自己的心，這是「心的工程」，只有你能為自己這樣做。終究你都要為自己踏上這段旅程。

練習 **情緒掃毒™**

利用交感神經的作用，結合水性簽字筆（紅、藍、黑），以左手畫畫的方式，將右腦的能量下載，導引在黃色的紙上。這樣做的目的在啟動內在力量，轉化生命，可以轉化情緒為邁向目標的燃料，讓身體健康，增進關係的和諧。

光粒子的旅行

粒子充斥在所有的空間裡，當我們凝視時，將目光纏繞在粒子上，於是就可以目視到光粒子的存在。

❖ 物質的基礎——粒子

每個人看到的光粒子都是獨特的，當目光移開，粒子上會留存著注視者本身的光，那光是注視者當時內心的想法；特別是在有意識的狀態下凝視時，粒子本身就會將有意識的想法顯化出來，我們可以說那是化學結構產生的物理現象，也可以說是人世間的萬事萬物。

選一個晴朗的天氣，我們來練習看「光粒子」。首先將視線放在遙遠的藍天上，再把兩眼的焦距拉近在眼前，那麼你就會在兩個遠近的間距中看到一顆一顆跳動和旋轉的粒子。粒子有不同的狀態，可能是黑的，也會有亮的。你可以練習在心中想著左，就會發現那些粒子開始變化，從各自本身的旋律集體轉向你要的「左方」。

這是目前地球上，你可以用肉眼觀看到的粒子態，你所看到的粒子是因為你的注視而有了光，所以稱為光粒子，也就是說，你看到的是自己的光粒子。當你足夠專注，你可以目視到光粒子所變化出來的樣貌，這是有意識的注視，也是量子力學中最偉大的發現。

物理學家發現，上帝粒子是一切物質的基礎，量子時代或許是把我們帶向更高物質振動世界的前奏。反觀從古至今的修行者，透過鍛鍊專注意念，事實上就是在養成操作粒子的能力，無論是呼風或喚雨，一切物質的樣貌皆由粒子組合所顯現出來的，這是超越過去對物質存在的新了解。

物理學家發現，「看」粒子這個動作可以決定最後的結果；在「看」的過程中，觀看者本身的心是重要關鍵。一顆堅定的心，能讓粒子以堅定的樣貌，呈現在觀看者想要體驗的事物上，著實反應出一個人內在的本質，也就是你的心。**你的心清明無雜念，就可以輕鬆地心到即眼到，也就是說，心裡想的馬上在現實世界中經驗到，這是頭腦的頻率無法操控的。**

粒子是組成一切物質的基本元素，就像人體的細胞一樣，當粒子被觀看者賦予了意義，觀看者本身的訊息就被粒子吸收並顯現出來。並非任何想法裡都帶著光，「光」的意思是指在覺知的狀態下思考，這時候才能讓思想轉變成為意識；意識和能量結合在一起，成了具有生命的光粒子，並擁有顯化為物理現象的質量。包含我們的肉身，也是由光粒子聚合而成的。

❖創造來自粒子的振動

光粒子裡攜帶著我們所有的一切，有思想、感覺、態度、經驗……我們不是這具肉身，而是由粒子組成的意識主體，可以隨意移動在每個角落和時空。

現階段的地球正處於這個頻率之中，大量的人類被更新著，從一個觀點前進到另一個思維，快速的往前奔；有時候在你還來不及去接觸或適應之前，可能一段旅程就已經結束，一段接著一段旅程快速的更新中。保持覺知專注在自身思想上的人，才有能力使用光粒子的資源，實現自己的夢想。

我運用生活經驗的語言來詮釋專業研究術語，目的是要讓人們理解，目前地球整體的頻率能提供什麼樣的經驗場域和機會給我們，這是我們一直努力提升的目的。跟隨蓋婭(註)的成長，回饋我們自身的創造給大地之母，是雙向互相滋養的行為，我們從內心接收大地給出的呼喚，了解我們自己需要在何時何地做何事，是配合大自然法則過生活的選擇。

從粒子的振動到物質世界的旅程，是條不同於以往的道路。我沒有走研究的學術路徑，選擇從生活中去取得經驗，印證專業的研究理論；就像是兩條不同方向的旅人將在經驗和理論的終點裡相遇的故事，就像經驗需要理論的支持、知識需要經驗的力量那樣，缺一不可。

一開始，單純的你只是個小小的振動粒子，在與其他粒子碰撞後產生了火花（電流），這時候有了另一種振動被撞擊出來，於是創造進入下個層次；你不再只是單旋，愈來愈多的聚合，經過密集地碰撞再碰撞，你的歷史已無法估算和記錄。所以你極有可能並不只是靈魂裡的故事，也不只是故事中的主角，更不會是你現在以為的自己。

從粒子開始了解，你會發現一個有趣的視窗，或許是：過去所知生命之外的

㊟一九六九年，生物學家James E. Lovelock提出的「蓋婭假說」（Gaia Hypothesis）就是在說明：「自然生態系是不可能由單獨一個物種來控制產生的。」簡單來說，從太空中來看，目前人類所及的星球中，除了地球是一片藍綠色，其他星球都是單調的紅、黃、灰暗色。爲什麼？因爲其他星球是一片死寂。截至目前，我們仍未在地球以外的世界發現活著的生物，即便許多科學家認爲，「火星可能曾經有生物」，但是依然沒有能夠完全令人信服的證據。再回頭來看地球，爲什麼地球是藍綠色的？因爲地球充滿了水，生命不能缺乏水，而地球的大氣、引力、距太陽的位置，讓地球剛剛好可以保留了水圈，因而孕育了許許多多的植物，繁衍許許多多的動物。再經由動、植物間的交互作用，互相影響，讓地球更適於居住。蓋婭假說也可以簡單的說是：生物多樣性創造了現今的地球，因而使得地球本身可視爲一個龐大的活生物。Lovelock將這個龐大的活生物體稱之爲「蓋婭」（Gaia），意即大地之母。

世界，不會只是古老經典裡傳說的那樣，而是有其他的可能性，更甚於你所知道的一切。

❖ 創造的法則

在定義風之前，風已經存在，也就是說，粒子已經碰撞出風的物理現象了。是誰將風創造出來的？人的頭腦總想一探究竟，開啟一段又一段的旅程。或許根本沒有任何人或神去做，而是粒子與粒子之間的遊戲所導致出來的力量，在碰撞中，力量被產生出來，於是力量又促使其他粒子的碰撞……一遍又一遍，一次又一次，所有的一切存在了！我們可以稱這個為物理定律，也可以說是一切生命的基礎，更能定義為萬物遵循的法則。無論是什麼，目前的地球正開始享用這個法則，不像過去是被劇本設定的法則所控制，這是截然不同的世界。

在律法之下人人平等，那麼在律法之上呢？不用多說，每個人都猜得到，那就是造物者了。對過去人類所了解的生命樣貌而言，這是更高的開展和體驗的時代來臨：從神話傳說的人物故事裡解脫後，一個陌生又令人興奮期待的新文明誕生。你在這個時代裡，不只有權利知道這個法則，你更是為使用這法則而來。

★光粒子結構圖

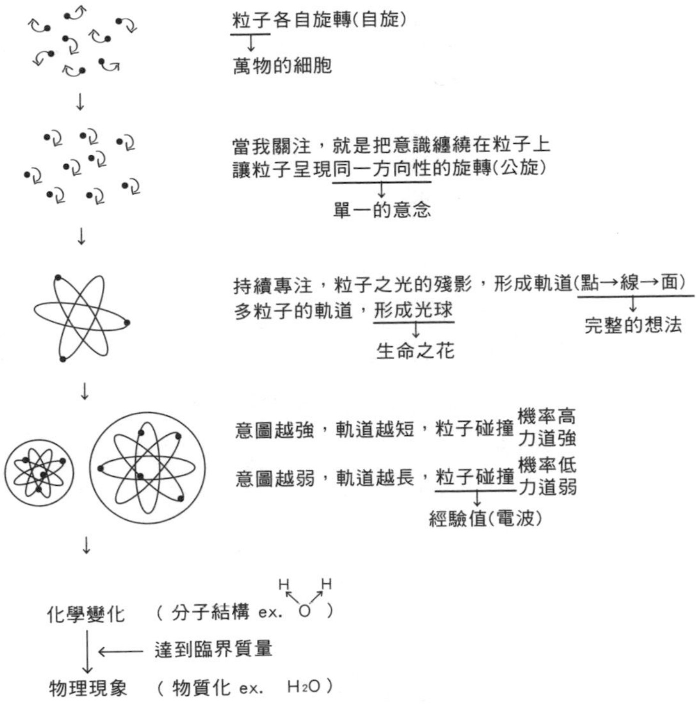
粒子各自旋轉(自旋)
萬物的細胞
當我關注，就是把意識纏繞在粒子上
讓粒子呈現同一方向性的旋轉(公旋)
單一的意念
持續專注，粒子之光的殘影，形成軌道(點→線→面)
完整的想法
多粒子的軌道，形成光球
生命之花
意圖越強，軌道越短，粒子碰撞
機率高
力道強
意圖越弱，軌道越長，粒子碰撞
機率低
力道弱
經驗值(電波)
化學變化 （分子結構 ex.
H
H
O
）
達到臨界質量
物理現象 （物質化 ex. H_2O ）

這是創造的法則，你是自己的造物者，你將能夠運用意識和能量顯現一切你想體驗的萬事萬物，我們稱為【人類新操作系統】。這個系統將帶你進入光粒子的宇宙中，來一段光速之旅。

量子力學的時代，是能量語言的時代！

練習 **發現「光粒子」**

選一個晴朗的天氣，首先將視線放在遙遠的藍天上，再把兩眼的焦距拉近在眼前，那麼你就會在兩個遠近的間距中看到一顆一顆跳動和旋轉的粒子。粒子有不同的狀態，可能是黑的，也會有亮的。你可以練習在心中想著左，就會發現那些粒子開始變化，從各自本身的旋律集體轉向你要的「左方」。當你足夠專注，你可以目視到光粒子所變化出來的樣貌。（參見121頁）

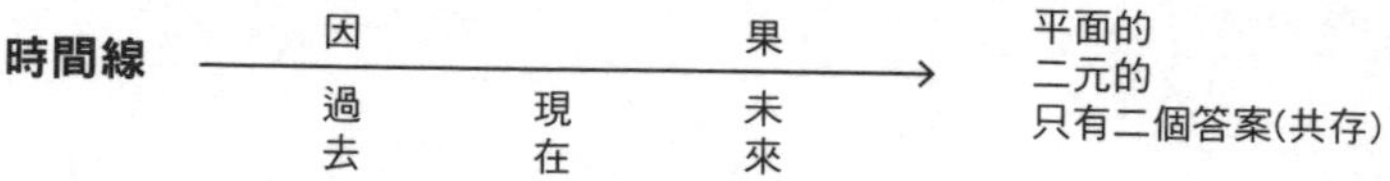

將思想轉變為意識能量

了解光粒子的結構之後，我們知道所有物質世界產生的基礎，接下來重要的是：認識思想與粒子的關係。

❖對焦：頭腦與心和諧共振

在粒子的世界中，注視者本身的思想如果是在有意識的狀態下產生，那麼就產生光的訊息波；這時候粒子依照光的訊息波纏繞，產生了意識的光球，當到達臨界質量時，光球會**塌縮**在時間與空間的會合點上面。我們在真實世界中，隨著**時間線**走進會合點的空間裡，於是就體驗到了光粒子裡面的內容，稱為創造的顯化。

頭腦裡慣性的思想就像煙霧一樣，沒有結合內心意圖的質量，是屬於沒有光的訊息，無法讓粒子產生碰撞而纏繞，自然達不到臨界質量塌縮落實在時空的會合點上，當然在現實世界中就不可能被經驗到。

事實上，意圖是由「心」的層次出發的頻率，跟頭腦的頻率不同。頭腦被設限在時間與空間的框架裡，但是心的頻率卻可以跨越這些障礙來感知；因此要運用到光粒子，必須找到頭腦與心的和諧共振頻率，也就是對焦，才能將光粒子的資源發揮出來。這部分是現代人最難克服的地方，因為太習慣依靠頭腦發送出來的訊號生活。

要轉變成以內心的感知為主、頭腦為輔的模式，是相當大的挑戰。想想我們自己，能真正依心而活嗎？我相信這樣的人在目前的社會中是少之又少的。這無需數據來證明，我們只要問問自己，是否容易把心打開去接納陌生人，就可以清楚的知道答案了。

❖ 保持覺知

每一天，我們的頭腦裡有超過六萬個以上的訊息出現，只有當我們意識到自己在想什麼的時候，才能減緩這些一閃而過的大量訊號，然後才有空檔來關注自己的心，這時候「心」也有功課要做。

我在「心的工程」這個章節中有提及這部分的工具和方法，這裡的重點是告訴你，要如何將思維變成意識能量，也就是轉換意識狀態的過程。只有在我們將覺知介入的時候，我們稱為「當我意識到這個情況或這個想法時……」，慣性的頻率在瞬間跳到覺知的介面上，思維就成為有意識的振動頻率，也就是有了「光」。

並不是所有的粒子都是光粒子，只有被覺知到的粒子才帶著光的振動，是可以顯現為物質的元素。光粒子裡面攜帶著訊息，是在覺知的當下，內心裡存在的想法。覺知是很重要關鍵，當覺知開始運作，頭腦的頻率就會暫停，只有心在運作，所以覺知才能轉移一個人的意識狀態，也就是處在「心」的層次。

在日常生活中保持覺知，會讓頭腦的慣性停擺。這是一種意識的轉變，粒子是在這樣的狀態下，碰撞而纏繞形成萬事萬物，整個過程幾乎是在萬分之一秒就完成的動作。以人類的時間概念而言，可以說是「根本沒有使用到時間」，這是光粒子的作用；反之，在沒有意識中的狀態，則是頭腦的世界，就像是錄影帶的重播畫面那樣，不斷播放、倒帶、播放……倒帶。頭腦就像我們的電腦一樣，裡面所有的檔案都是由我們輸入的，也就是，存在電腦裡的資訊屬於已知的頻率，是過去的檔案，只要設定好指令，就會自動執行。

❖ 改變現狀

量子力學時代來臨，我們有機會開始另一種生活模式。大多數人都知道要有創新的思想，而在實際的生活中，依靠創意設計生活的人開始變多，這也是拜經濟不景氣、高失業率之賜，讓人們有機會展現出生存下去的本能；這是從內心裡發出「想改變現狀」的意圖，導致光粒子的作用發生了。

全地球都有大量的人正處在這樣的頻率之中，即使表象看起來並不樂觀，事實上潛藏在表象底下的真相，卻是完全相反的作用力正在發酵。只要將「頭腦」和「心」的焦點調為一致，內在的混亂和衝突就會消失。

覺知是內在的運作，保持覺知的人，會將放在外面的注意力收進自身的裡面，這時候，外面存在的一切，才會轉變成印證內在狀態的實相，表裡如一的真實生活才會降臨。

覺知是打開心，沒有覺知則離開心。想要過著隨心所欲的生活，不再被現實的假象控制和綑綁的人，可以學習朝這個方向改變，將思想轉變為意識能量，使用光粒子創造所有想要經驗到的一切。

這段旅程是嶄新的，對於剛剛從舊有的認知世界離開、進入新（心）頻率的我們而言，還有很多需要去重新學習的事物。「保持覺知」就是有意識的狀態，能讓我們的每一個思想有了生命而展現。有很多方法可以協助我們鍛鍊，讓我們一步一步來。

「中心思想」與「核心經驗」的合作

每個夢想都可以實現，過去我們受限於制約的思想，對生命的理解層次狹隘又緊繃，雖然知識和理論滿天飛，這當中缺的是每個人真實經驗的核心。祖先流傳下來的紀錄並沒有錯，只不過被斷章取義了。長久的歷史演進，豈能在如此短暫的人生中一窺全貌？唯一的答案是在我們核心的經驗裡，這是每個人的「中心思想」與「核心經驗」的合作，也是唯一的真理。

❖ 你被集體意識控制了嗎？

生活的挑戰讓我們以為，人生就是被設限在痛苦的爭戰裡，在生命背後有個更大的力量在控制與決定。有這種思想觀點的人們，此時正如火如荼的體驗在世界各地顯化的事件，我們可以從中看到，失業、爆動、經濟問題、病毒、氣候……所有層面都在快速的崩塌和重建，像連動效應般牽引著整體。

參與在這些變動中的人們，將內在力量交手出去，因為他們的「中心思想」

裡，有個更巨大的力量可以控制與決定他們的命運，而那個「更巨大的力量」即是集體意識，具顯在社會、政府和國家之中。當人們無法忍受時，就是即將達到轉變的臨界質量，人民的力量從「更巨大的力量」中被喚醒而收回；然後人人為自己的一言一行負起百分之百的責任，全新的世界和社會誕生。

假如我們可以明白物質世界中的一切是如何被運作出來的，人類就有機會改變，並且自由移動在平行的世界中；生命不再被過去制約，從神祕不可探究中破繭而出，像是揭開一層面紗，我們從帷幕裡穿透，所有物質的存在回到根本——我們都是由粒子所組成。

從中心思想的根本去超越，這是很大的突破。量子時代來臨，我稱為量子跳躍，這個集體的轉變會讓我們快速的改變現狀。這是個新現實，需要所有人都這樣做，不是一朝一夕就能達到。

❖ 自己的核心經驗在哪？

你是由意識能量所組成的物質體，當你的靈魂揚升，內部的結構就會開始改變，你的覺知得跟得上這個蛻變，你才能真正明白自己已經不同。從高我的視角去看靈魂的振動，這個意識主體才能脫離業力模組的法則。

從量子力學的觀點來理解生命，我們會發現，過去的業力劇本似乎不見了，粒子的振動跟哪一個得道成佛的教誨突然沒了關係，一切都回到起點那樣的單純和直接，沒有東西在量子場外，全部都被包含進來了。

佛陀、耶穌、聖者有他們的「中心思想」，我們讀著、學習著他們，甚至長期以來，我們沒有了自己，卻努力活著追尋他們。即使他們所有的教導都跟我們說「我在你心中」，卻沒有人真正聽懂，還是用耳朵聽他們說什麼，讀他們流傳下來的什麼（雖然我們都知道聖經和佛經、傳記常常都不是他們本人自己所寫的），惟獨聽不到自己的。

並不是聖人、智者有錯，他們的內容極有價值，因為那是他們的核心經驗。那麼我們自己的呢？他們在人的世界時跟我們一樣，但是他們的作為卻不是一般人會做的選擇。我們想想看，首先，沒有人想要佛陀的命運，只想要他的成就；再來，沒人想要耶穌的遭遇，卻想擁有他的能力。一個失戀就能讓人痛苦不堪，一個金錢匱乏就能跳樓……這樣的考驗就能打死你的存在，難怪你會成為追隨著，而不是創造者。假如願意嘗試從粒子振動的角度來解讀自己，我們也許已經可以稍微從得道成佛者的眼中，看見真實自己的一點點樣貌。

❖ 找出內在的中心思想

時代不同了，幾千、幾萬年來一直不斷探索尋找的源頭，在這個時空被找到答案，於是展開了新世界的建構運動。我對於自己選擇參與「在創造新世界的時代」充滿感動。

任何人都有精采絕倫的劇本，無須刻意去創造；每個人談起人生，總有說不盡、道不完的歷程。聽人們述說自己，是件美麗的事，這裡面有獨特的禮物，能讓我看到當事者的人生觀。談過去、現在、未來，會發現一些答案；現在是由過去累積而來，如果不是努力在解決過去造成的問題，就是在尋找下個未來……這當中，我們對於明天、下一刻是無知的。

找出我們內在的「中心思想」是件重要且非做不可的事，這是建構新世界很重要的基礎，代表你將會創造出什麼樣的世界來。有兩個理解存在，一個是「中心思想」，另一個是「意識流」。「中心思想」是一幢建築物的主結構，「意識流」是從主結構之外的隔間、空間內容到整體的外形和使用功能……也就是說，「意識流」是讓一切物質化的原料。一個人的「中心思想」決定建築物的範圍與高度，這代表格局、視野和空間的顯現。

4 你的內在是個巨大的量子場

學習讓一件事在輕鬆的狀態下發生
在自然的狀態下前進
在流動的能量場中實現
不需要費力去參與
當個自己的追隨者
跟著高我的行事風格去體驗創造
你就會發覺，原來新世界是這樣運作的

思想就是你的旅程

高我說：「思想很重要！」

人們不敢相信改變思想就可以改變一切。

高我說：「思想決定每一個人事物的發展與結果！」

人們會覺得：「可能嗎？」

❖ 每個人的內在旅程都是獨特的

根深蒂固的思想就是我們的信念，信念的確創造出實相。限制性的思想造就了階級和框架，我從高我的角度及面向看到另一個世界的樣貌，這是我經歷了好長好長的道路後才領悟到的。從靈魂的探索開始，前世今生的故事還不夠，地球之外的旅程，平行宇宙的起源……時間線愈拉愈長，我沉浮的游在記憶的汪洋中，用過去的總合來定義今天的命運，明天是昨天、上個月、去年再加上上輩子的翻版。何時要上岸呢？

我曾被過去那些看不懂的經典誤導，聽著他人的領誤（我沒有打錯字，前額葉裡的字是這個），一路錯到底，總以為有跟別人一樣的經驗才是對的，不知道每個人的內在旅程都是獨特的。「不清楚」導致我對生命的幻想那麼多，以為修行到某種境界就會如何如何……但一山還有一山高，總有探索與發現不完的「更高境界」。

直到有一天我對自己喊停——如果沒有明天，我怎麼到那個更高境界？如果我是來探究過去的，那麼我應該去念考古學，至少我還能有個專業。我意識到，原來是自己根本思想裡的意圖，想從過去為現在找答案，導致我迷失了。我誤信了前世的故事，想從過去找答案，其實是對當下的逃避，用過去的理由來合理化現在的情況。

我終於明白，過去就算是真的，又如何？對現在的我一點幫助都沒有，因為我需要面對的是現在的人、事、物，假如我沒有覺知到現在即是過去的重覆，以為真正的答案是在過去，那麼，我只是在複製過去沒有解決的命運。我碰到岸邊了！

這個看見讓我徹徹底底的離開了療癒之路，無論我的前世、前前世、來生、來來生……是誰，我就是現在的自己，我只能過著現在的生活，面對現在發生的事。我不再追尋靈魂的劇本，也不再尋找靈魂家族，我的心裡已經完全明白：**不是就遇不到，遇到了沒有不是的**。是我們分離的思想在作祟，我才會在眾裡尋他千百度，這裡面根本沒有「他」的存在，就只有示現「我」而已。

❖ 從靈魂的課業裡醒來

既然如此，人我之間的關係，揭露了我們對待自己的真相，**所有跟外界的關係，都只是我與自己相處的反射，把內在演出來的劇碼**。他人扮演人性面的我，我則成了真實自我的承受器；當我欺騙自己的心，就編寫了一段自欺欺人的劇碼，然後由某個人跟我演出對手戲。

我讓分離的思想誤導，以為真的有一個外界存在，而迷失在由自編自導自演的幻劇中。這個體會和發現，再度引領我往更深的自我前進，連結到的每個人，都屬於自身的某一面向，要怎麼看待成了重要的關鍵點。

當你開始練習在日常生活中觀察思想和感受之間的關聯性，過程中會遇到劇本安排跟現實之間的挑戰。製造現實困境的目的是什麼？是我們為自己規畫的旅程，劇情曲折離奇，才能滿足靈魂深處享用一切感知器官所產生的回應，像毒品那樣無法自拔……除非我們明白了這一個面向。

劇本一定要根據性格作出相反的安排，目的是要讓我們透過此次的機會，更改靈魂裡的檔案。我們真正要超越的，是來自靈魂深處的感受，愈害怕、擔心的事愈要去經驗，然後深刻的關注自己的思想。舊有的情感模組會不斷出現來干擾，思想會被內心的感受影響，需要相當的意志力堅持到底，才會戰勝內在的敵人。

這不是頭腦的迴圈，而是過去的夢魘，也就是「靈魂的課業」。從靈魂的課業裡醒來，是相當重大的事。我們在有意識的狀態中，取得了第一步的自主權，這表示，你已經能認出當下的人生是什麼了。你用第三者的立場看著自己的劇本，就像電影《命運規畫局》裡演的一樣，你看到劇本裡的設定，你要做出選擇，你需要對自己有堅定的信念，對自己的選擇毫不畏懼。

❖ 每個人都活在由自己思想建構出來的世界

如果你曾經做了長期的靈性修練，那麼此時此刻，你內在的力量就是支持你渡過這段道路最大的幫手。你會更進一步發現，由實際經驗所產生的記憶，是形成思想的重要來源，也就是說，**透過經驗而學習到的事物，是最具力量的思維**。難怪我們需要去療癒，因為在靈魂裡的檔案，都是由生命的經驗所組成的。這一而再的重覆，令我明白了輪迴的根本基礎，因為自主權根本就在自己手上，看待的觀點決定了外在事物的樣貌。

這個領悟深深刻在我的細胞裡。我練習在生活之中重新看待發生的每一件事，全都以這個準則運作：「我的思想決定我要過的生活品質，也決定我人生的方向。」這時候，我遇到了另一個挑戰：我需要新的視野，不同於過去的思想，同時我的人生也進入到另一個階段。

新時代的書開始進入我的生活裡，《與神對話》是我閱讀的第一本書，也是由高我帶領我導讀書本的第一個練習。藉由導讀的機會，我反覆的看了不只一次，我跟著讀書會成員一起成長。雖然我是那個讀書會的帶領者，但每一次參與的人不同，帶來的能量都能產生不同的共鳴與振動。我結合生活中的點滴，分享自己如何應用書中的知識，每時每刻，高我都與我同在，我專注在更高的視野中前進，被引領著在每個當下超越過往。

從此以後，我將注意力放在思想上，也終於體會到，每個人都是活在由自己思想建構出來的世界裡。無論是何種情況，我們的想法附著在每一個人、事、物

創業（濾光鏡）＜ 來自他人的建議、書本（知識）＋ 實際經驗→有力量的心得
來自舊有經驗→征服過去的自己，並不是創業

裡，卸除了自我的觀點後，一切都是不具任何意義的單一存在。就好像一個人決定要自行創業，我們會針對創業這件事給予了想法，這想法就是附著在創業這件事上的濾光鏡；濾光鏡帶來情緒和感受，我們的心就會以這樣的心情去經驗「創業」這個旅程。

❖超越劇本

重點來了，那濾光鏡是怎麼來的呢？如果是來自他人的建議或是書本，這濾光鏡就只存在於知識的層次，會在實際經驗裡被修正成有力量的心得；如果是來自於舊有的經驗（曾經失敗過），那麼這段旅程實際上並不是創業，而是征服過去的自己。

這對當時的我來說，是個重大的發現。我在當中發現了劇本的影子，更明白了什麼是內在驅動力，這股驅動力會從內在發出訊號，於是就產生念頭。如果是靈魂裡的劇本，這由驅動力出現的念頭會不斷出現，幾乎是整個人都籠罩在這個念頭裡，直到落實行動。這是靈魂的約定，要履行這個約定，靈魂有能力驅動我們的意志和行為舉止，以維持所有的人都能在劇本裡演出設定好的角色，讓明天

得以繼續發展下去。這就是我們的人生。

我在走完劇本後，最大的收穫就是知曉這份禮物。所以，當我聽到人們告訴我他們正在經驗的事時，我能立即知道這是否跟劇本有關。我鼓勵人們勇敢的去面對經驗和超越，因為那樣才能完成當初設定好的腳本，除非你的內在有足夠的力量對抗這內在驅動力。這整個世界是靈魂們集體想要經驗的地方，就算一個人想逃避，其他的靈魂也會自動來到面前。

如果這段文章讓你不舒服，這顯示你的內在已經有一股想超越劇本的驅動力存在，你可以仔細去品味這感覺，這力量會帶著你前往劇本的終點，是很重要的徵兆。

跳脫靈魂的劇本沒有好壞，你可以選擇照著舊有的劇本走，也可以選擇超越本來的設定，為自己開出另一條道路。後者要面對的挑戰是為自己的創造負責，前者則是無常和無奈。我要分享的是後者的旅程，因為我做了超越劇本的選擇，一路走來，我的收穫很多。

舊劇本裡的我已死，現在的我正走在由自己創造出來的旅程上，擁有大量的人生自主權，此時的平安、喜樂和幸福，都是我付出相當大的努力而來的。我珍惜著每一天，以最誠摯的心分享著我自己的經驗——「思想就是我們的旅程」。

思想 —覺知→ 意識（能量）

意識、意識流、意識轉移

❖ 意識流是決定事物發展的能量

思想透過覺知的程序成為意識與能量，沒有意識到的思想雜亂無章，這是思想和意識不同的地方。意識是依著心和直覺運作的頻率，心是我們的真正存在之處。意識纏繞著能量不斷旋轉和變化，在我們的心中像泉水不斷湧現，我們稱為「意識流」；當一個人在自己身上保持覺知，並養成為自己做紀錄的習慣，一段期間下來，就會整理出屬於自己的流與節奏。

「意識流」是決定事物朝哪個方向發展的能量。多數人的生活較難保持在有意識的狀態，所以「意識流」就像躲在山中的清徹小溪，小小的順著環境流動，起不了什麼作用；漸漸地，隨著學習和鍛鍊，我們開始在生活中擴大保持有意識的狀態，於是小溪形成了河流，已經可以衝開地面上的小石頭，甚至改變了環境。這樣來形容「意識流」可能會比較讓人理解。

當個人的意識流匯聚，就會形成集體意識。目前地球上正有一大批人正在建

★意識流

· **意識**：包覆著思想的粒子 →**光**

· **意識流**：光粒子匯聚，主要的流向

↓

七層意識

眼、耳、鼻、舌、身、意六感官

↓

「流」才會建構起來

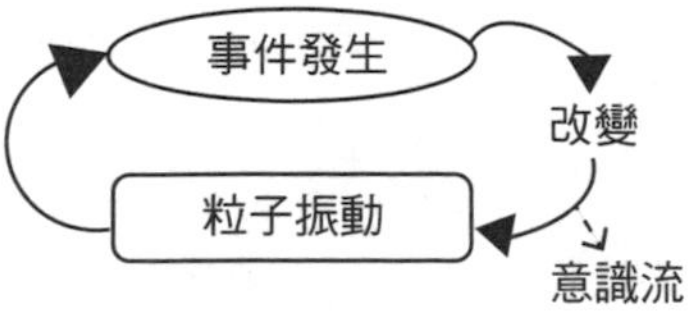

構自身新的意識流，同時新的集體意識也快速的在匯聚中，這股力量在舊頻率逐漸遠離的過程中成長茁壯，會是奠定新社會的基礎。

個人在意識流形成之前，需要做一些功課，幫助我們的意識從頭腦轉移到心的層次，由個體開始建立，然後再進一步流入集體匯聚，參與到新（心）的集體意識。

❖ 感知集體意識流

在舊社會的頻率中，生命樣貌被牽制住，人們內在總有一種壓在心頭上的沉重感；想從中掙脫的意圖，在舊社會崩塌時被挑動。地球表面看似獨立存在的人，內心卻產生了相同的想法和感受。

除去肉身的分離幻相，我們可以看到那股在人們心中流動的能量，每一天都有新的個體加進來這股能量之中。表面上人們可能在談論未來的出路或夢想，但更真實隱藏在每個人心中的那個能量，會自動碰在一起而產生火花，我們可以形容這是同頻共振，也可以說是物以類聚。這不需要去猜想或統計，是一種無法反駁的真實存在。

我們要提升心的層次和格局，就能感知這股流動在地表上的集體意識流，而創造符合大多數人內心需求的服務。富足的人會聚在一起討論如何給予，匱乏的人則聚在一起思考如何富足，傷心的人聚在一起努力學習快樂，快樂的人則自動用笑聲影響四周……

❖ 學習看到內在的意識狀態

學習看到內在的意識狀態很重要。做「打開內在覺知維度，擴展生命面向」的鍛鍊（見149頁），就可以看到自身內在本來多維的運作。

當我們在與人互動時，是看到內在與外在真實關係的最佳時機，能夠快速打開意識的狀態。記錄，一定要確實記錄，你才能準確的看到自己真正的樣貌，在看似簡單的過程中，你會有不可思議的收穫。

試著去做一次看看，你會愛上這個鍛鍊，也會愛上與人互動，內在的頻率會在最短的時間裡巨大的跳躍，因為以往你不曾用這樣的方式與人往來，也不曾用那麼多視角來參與每一次談話經驗。

過程中你要記住這七個項目，把焦點放在這幾個提示上，也許一開始你會覺得很忙，但漸漸地你就會了解到一件事：原來過去以為的自己跟現實生活中的自己完全不一樣。無論你能不能接受，這時候是面對的美麗時刻。

在物質世界，他人是反應性格面向的鏡子，我們欣賞的是本來俱足的內在美德，不認同的是我們需要再精進學習的面向。每一處都是禮物，就看我們要如何定義和選擇。

當我們從聽別人說的同時也觀察到自己的回應時，一種轉變就發生了。如果可以再進一步去練習，看到自己對他人說話的內容有什麼感受時，你能同時聽到對方心裡的話，而不是話裡的內容。那是完全不同的層次，因為你在瞬間把耳朵的聽覺結合了心的頻率，於是就能明白他為何如此說。無論隱藏在話裡的真相是什麼，你能更真確的聽到更多東西。

記錄，一定要記得為自己記錄，你不是在諮商別人，你是在聆聽自己，只是透過外面這個鏡面的演出。這是一種實際的操作，在【人類新操作系統】中，這是屬於內在多維度覺知的練習。

如果你夠敏銳，你甚至可以從中發現頭腦的慣性：總是想衝口而出打斷對方的話，或是頭腦裡一直在分析對方的話；另一種可能性是，你在對方還沒說出來之前，就已經在心裡聽到對方會說出來的內容。這個層面能再帶你進入不同的殿堂，領悟到「心」有多麼的不可思議。那不是頭腦裡的邏輯，而是心與心的合作，也是高度進化的物種最常的互動模式，單只是這個練習，你就可能會有極大的轉變。

別擔心你做不到，事實上這是你內在的本能，你只是長期沒有在「有意識」的狀態下去使用。如今重拾這能力，你很快就會上手，然後愛上自己的。

練習 打開內在覺知維度

可練習打開七層維度的覺知，學習看到內在的意識狀態，練習看到自身內在本來多維度的運作。這七層分別是：

1. 聽到別人在說
2. 聽到自己同時在說
3. 別人的感受
4. 自己的感受
5. 下一步別人要說什麼
6. 下一步我要如何回覆
7. 定方向、與高我連結、鎖定目標

當你可以全部同時感知到這七層維度，就是覺醒。

❖ 從無意識到有意識

人在無意識中，頭腦仍會運作，因為我們的眼睛會不斷將訊息送進來給頭腦分析和判斷，以維持肉身的功能。頭腦像電腦那樣，在自動執行著我們設定的指令，這些指令一個接著一個，是不變的模式；只有當意識覺知介入時，那些自動執行的指令才會停止，然後在離開意識覺知狀態時又自動接手。

對於無意識的存在，每個人都有相當多的經驗。從無意識到有意識之間的旅程，就是一種轉換，事實上，維持在有意識的狀態中生活並不難，只是現代人的生活樣貌精采多變，容易導致分散注意力和分心的情形發生，這是無意識存在形成的主因。

外在的訊息太多，誘使人們將自身的注意力放在外面，長期下來，忘了把這個覺知力放回來自己身上，於是忽略了裡面一直存在的本能，所以現今的人類要花費大量的金錢和精神、時間，來努力重新找回本來的自己。

★沒被覺察到與被觀察到的思想

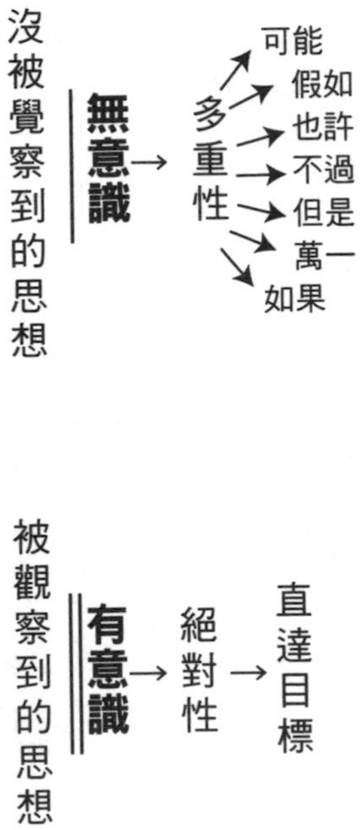

❖把「意識」透過「覺知」帶到「物質世界」

我們的內在是個巨大的量子場域，這量子場域是創造、存放和容納意識流動的空間，人的意圖、想像、情緒、感受、思想……都在這個量子場域裡，是多維度空間的模組。人類可以依照意志，自由的在量子場域裡移動，從個人的量子場到集體的量子場，無限的擴張和延展，空間永遠不會消滅。遠古至今，量子場域尚待開發創造和使用，一直在推演著，不曾停歇。

有些人將覺知跟意識混在一起，事實上，意識本身就是多維面向的能量，用在覺知的層次，意識會展現出「光」的型態，這樣才能顯化為讓人感知到的現象。也有人形容為「看到」或「看見」，這是同時結合眼睛和內心的詮釋，簡單一點的說法是：「意識存在的目的就是要被覺知到。」在這之前，意識並沒有消失，一直在某個地方等待被覺知到。

創造的原貌是「無中生有」，事實上就是把「意識」透過「覺知」帶到「物質世界」的旅程。從個人的量子場出發走到集體的量子場，這過程也是一種創造；被集體意識接納的流，能帶給生命巨大的改變和演進，但首先每個人都要了解自身量子場域裡的內容物為何，才能在覺知中創造，進而改變自己和世界。

認識量子場是學習的第一堂課。我們從很多生命的語言中注入新的名詞意識，目的是在和舊有的認知頻率切割，除了避免混淆之外，比較重要是杜絕頭腦的干預；因為當我們頭腦裡存入檔案，無論是否經驗到，對頭腦來說，那就是一筆資料，頭腦會自動比對分析和歸納。

❖ 心和腦的合作

很多人的學習並不是真的在學習，而是「輸入資料到頭腦裡」，不幸的是，頭腦裡的資料如果沒有穿過「體驗」這道程序，就無法傳達到「心」，因為「心」是感受的頻率。**所有在頭腦裡發生的過程，都叫紙上談兵**，在某種層次上和生命的目的相違背，因為具備肉身最主要的意義在「體驗」：運用肉身的所有感官和感知獲得感受。頭腦裡的想像如果沒有轉成經驗值，能量就會一直盤旋在空中，而無法落實在現實中。

其實正確來說，心和腦的合作將會是人類接下來很重要的里程，因為粒子組態是由「心」所驅動，「真心」是世上的無價之寶，真誠的心能驅動世上最巨大的力量。有趣的是，「心」只在物質世界裡運作，同時也是萬物萬靈渴望的寶藏，有了「心」一切才會存在，有了「心」，一切的存在才變得有意義。

我花了相當長的人生歲月在了解「心」的運作，直到最近，我才漸漸明白「心」到底是什麼。過去我一直以為，心就是情緒和感覺；經過那麼多年，沒想到那根本是我自己的一場誤會。**心的無遠弗界是沒有任何語言足以形容的，相反的是，所有的形容都在心之中，包含整個宇宙。**

我們把量子場比喻為一個像金字塔造型的空間，金字塔的底部是地表的物質世界，然後一層一層的往上，每一層都代表一個不同的頻率和世界，愈往上的視野就愈高遠；就如我們所知物質世界的金字塔那樣，內部有小小的地道和樓梯，通往不同的樓層和平面，每一層的隔間都具備不同的功能。而我們的量子場就是那樣的構造，我用下頁的圖表來解讀量子場的內部和不同頻率間的關係。

這張圖表整合了「不同層次之間的頻率」反應在「物質世界」時的作用力，同時也標示出多數人對生命的理解和認知，我們的自由意志就是在這個量子場裡不斷移動。

當我們移動在「感受」的頻率空間，我們就坐落在人性與靈性之間的共振裡，在天使和指導靈的層次上，也同時是劇本世界裡的一角。當我們將感受投射出來，就會反應在他人身上，這感受結合了從第一層到第四層的意識能量，混雜

★量子場

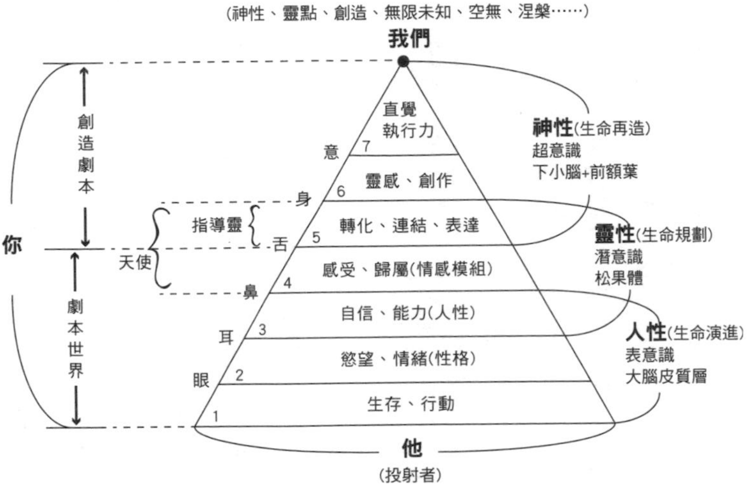

高我 導演 創造 想要

指導靈 劇本 過去 不想

與高我合作，我決定我要的結果

劇本設計的用意，就是要充份經驗「不想」才會甘願提升到「想要」的頻率了多種意圖，產生了相當黏稠的情感模組，也就是人與人的關係。假如可以提升內在的頻率向上發展，我們就能將關係建立在更高的層次上，甚至超越了靈性面，到達「創造」的頻率。

每一個量子場齊聚在一起，形成集體量子場域，也就是目前物質世界的樣貌。每個量子場的大小不同，是隨個人內在頻率而定，心胸格局大的人，量子場的高度、廣度和深度就會變大，能包容量子場小的個體。高度、深度和廣度是平衡發展出來的，決定了在物質世界能夠展現出來的範圍，也就是個人的影響力、成就和地位。

❖ 多維存在的平行世界

目前地球的頻率已經提升到可以容納多維存在的層次，從本來狹隘受限的框架中被撐開了，所以個體量子場域的空間也隨之擴展，能更多元的去體驗未知的生命樣貌。這其中有一個美麗的創造得以被經驗到，就是「平行世界」。平行世界說穿了就是「純意識界的體驗」，每個人都能在自己的意識狀態中去生活，就像是有無數空間同時都存在。

★量子場內部和不同頻率間的關係

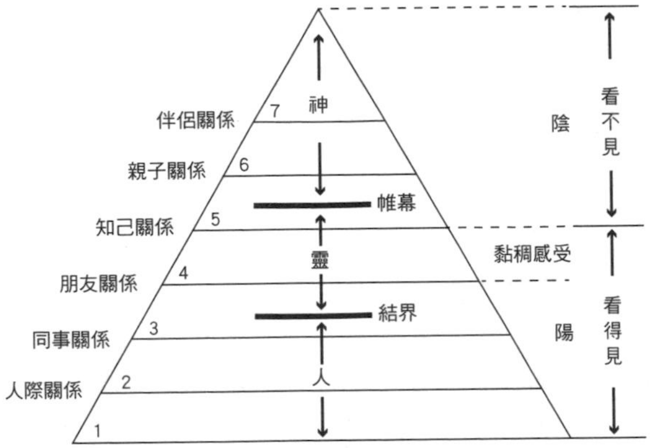

父親：性格慣性
母親：情緒根源 } 業力組合
小孩：內在情緒
手：計畫
足：行動
伴侶：神性、高我
同事
朋友：天使團隊
長輩：古老的DNA（傳承、傳統）
主官：指導靈(指導者、老師）

滿足感：五感官同時被滿足
即所有頻率的能量都參與
若能量不平衡就不幸福

我試著用人們可以理解的說法來描述。想像《梁山伯和祝英台》這個劇碼，在不同的時空有不同的人來演出，演員、導演、編劇……所有參與製作這部戲的人員都不同。現在我們把過去所有《梁山伯和祝英台》的影片通通找出來一起播放，於是你看到有很多個數不完的螢幕，劇碼一樣，畫面和劇情表現的方式都不同，卻是同樣一個故事。那每一個螢幕就是一個世界，各自獨立播放，不能說沒有關聯，卻也不會互相干擾，就看你喜歡或想看哪一個，這就是平行世界的概念。

唯一會令我們感到困惑的地方是：我們無法以固態同時存在兩個空間裡。以目前人類的科學研究方向，總是著重在視覺上的結果，會需要在認知上做巨大的跳躍，才有可能突破這個困境。想要在不同空間自由來去的經驗，必須是在更高振動頻率的世界才能發生，也就是說，我們已經可以透過意識的力量驅動粒子重組固態體。

現階段的人類才剛剛踏進量子力學的頻率、以新的角度來認識生命的道路上。距離到達像星際大戰那樣的時空轉移，我們還有一段旅程要走，不過這並不是重點，因為**時間軸**快速的擴張，不會太久的。

現在我們回來現實生活中。每一天日月星辰的轉換，是頻率變化的時刻。當我們進入睡眠狀態時，真實的我們就會脫離固體的狀態，回復到純意識狀態；由於不受到固態體的限制，能夠自由的移動在任何時空中，這一點可以透過夢來證實。

夢沒有真或假，你做夢了就是做夢了，沒有假的夢這回事，在夢中保持意識的存在，就能清楚的將夢境帶回現實世界中。這並不是指你一定會記得夢境的意思，是隨個體意識狀態的清明來決定。運用【人類新操作系統】的方法一段時間的人，夢境的狀態會改變，雖然每個人的情況不同，但都有個共同的指標，就是：夢境愈來愈清晰，甚至可以直接顯化出來。

❖ 經驗「轉移」

自由意志能讓我們真正的自由，就看我們要如何使用。了解平行世界的存在，接下來就是要經驗「轉移」了。在空間移動，靠的是能量的振動，所以我們只能前進到與我們產生和諧共振的空間；頻率愈寬，能去的的空間愈多元。意識上的移動是相當快速的，所以內在的頻率必須提高，才能徹底經驗到「轉移」。

內在頻率愈高，振動愈快，反應在現實世界中，就像適應力、應變能力，靈性的語言是轉念和轉變能力。愈能夠透過自身的力量，協調內在、找到平衡點的人，才能真正調適平行世界轉移帶來的變化。因為每一個平行世界都有獨自運作的頻率，當我們轉移時，物質世界的發展也會不同，即使表象看起來可能一樣，但是內在的能量模組有可能已經天壤之別了。白話一點說，就是你已不是原來的你，而你身邊的人、事、物也同樣不是。

轉移到另一個平行世界，指的是經歷「沒有改變過程」的轉變。這句話很重要，必須要仔細的去明白，是一夜之間的事。當你熟睡後，你的意識隨著頻率振動，然後開始移動；在醒來之前，你的意識會以新頻率返回和諧共振的空間中，而這個空間已經不是昨天你入睡時的那個空間了。你要保持清醒的意識覺知和心情，來經驗這個「新世界」。

意識頻率的轉變會直接作用在物質世界，藉由換工作、升主管、搬家……種種現實生活中的改變來釋放能量，頻率改變的愈多，變動就愈大；內在世界反應在外在世界，然後再由外在世界影響內在世界，形成一個循環，日復一日，週而復始。

★地球頻率轉變，從時間線躍升到時間軸

時間線

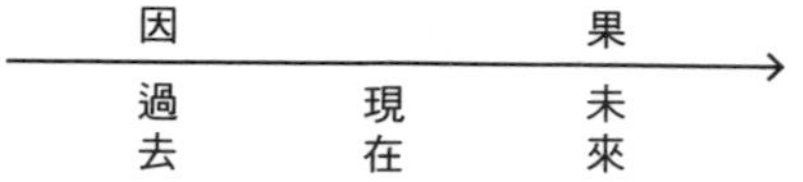

平面的
二元的
只有二個答案(共存)

時間軸

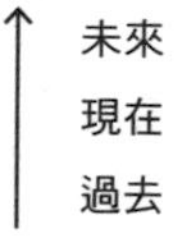

只有當下，過去、現在、未來，同時發生，只有我要的結果

用意識決定結果

帶領工作坊那麼多年，經手數不清的個案，包含自己的人生故事……我在心裡想著，每個人的故事都精采無比，內心承受的痛苦雖因人而異，卻有一定程度的考驗在進行和發生。

長期身心靈的修習，我明白那是靈魂渴望經歷的設計。我們必須屏棄個案的心情與感受，要從科學或醫學的角度去解讀，單純用治療或研究的態度來處理；但偏偏個案本身的心情，卻是影響效果很重要的關鍵，那麼這當中的祕密又是什麼？

❖ 堅強的心智，才能度過考驗

大腦神經極其複雜，要從這個面向來了解，太過專業和深奧。愈來愈多的人有腦神經失調的困擾，精神上的疾病也給社會製造了大量的問題。我們只能知道這些，到目前為止尚無法找到真正解決的方法；在我們接觸到的人群裡，身受此類困擾的人也不少。這是社會現象，除了就醫外，也有很多民俗療法可以提供幫助，要深入去探討，還真的是會迷失了，因為牽扯的層面和領域太廣太深了。

我自己的經驗，除了來自學員之外，體會最深的部分，大概就是自己從所遭遇到的人生故事中重新站起來的旅程了。每個人談起十幾年來所經歷的事精采絕倫，總有高低起伏、成功失敗、快樂痛苦……人生的常態在十幾年間就能有一套循環，沒有一個故事不令人深刻動容。種種發生粹煉著心智，心成熟了，智慧增長了，沒有任何人例外。要了解一個人，十幾年共同經歷的一切，其實素材夠多了，就看有沒有用心而已。

我確信每一門的專家都能提出長期研究的心得和經驗，來幫助身心受到腦神經問題困擾的人，那真的是博大精深到令人讚嘆。

回頭看我自己，也莫名其妙的走了一段不算短的過程。根植於我之內的信念是什麼？在遭遇人生考驗的時候，我是如何去面對和處理？又是用什麼樣的方式重新站上人生的舞台為自己發聲？我只找到一樣東西——「堅強的心智」。

對我而言，「堅強的心智」是指經歷過眾多粹煉的內心和智慧，承受過無數考驗和挑戰的人生，可以認出自我性格的慣性，最終選擇真心過生活的人。無論是否要用專門的身心靈語言來詮釋，在我眼中，只要是人，就會有美麗動人的故事不斷在發生著，沒有一個人的人生是暗淡無光的。

或許因為這個觀點，我打從內心去佩服所有正在經歷生活試煉的人們，也真心送出祝福給這些人，但我卻已經沒有意圖想去改變或幫助他們；因為我確信，他們內在的神性正在努力工作，就如當年在經歷的種種傷痛那般，在看似晦暗的表面下，生命的光正在強大。我發現自己很自然的沒有貫注能量在他的現狀上，心裡相信他一定很快就會走出來。我的意念和心存在著這樣的信念，因為我也是這樣走過來的；要說我相信他的人，倒不如說我相信他的神性來的貼切和正確些。這是種發現，而且是巨觀的。

❖所有的發生都以智慧的提醒收場

在前面介紹「意識流」的章節裡，我們提過相關的理論：每天發生在我們生活周遭的人事物，均是由我們創造出來的。最普遍的故事就是：想體驗到如何發揮偉大母愛的靈魂們，要怎麼樣才能實現這個願望呢？劇本的設計開始了。

藉由地球做巨大轉變的時機，有這樣心願的靈魂們組隊降臨地球，規畫出相同特性的下一代，然後用自身的獨特性來養育；靈魂們最後聚集在一起，互相分享這一路走來的辛酸血淚史，在令人感動的淚水中，靈魂的心願被滿足了。那心中的感動是發自靈魂深處的喜悅，但看在人們的眼中卻不一定是那麼一回事，在命理老師的眼中是不同的一件事，在醫生專家的眼裡又是另一回事。回歸到生命的初衷裡，經驗又是唯一的答案。

這麼多年來，我將自己眼中的世界分享出來：同樣的事，我是用什麼樣的姿態去經驗，在經驗之後我又是如何將之轉為禮物，讓所有發生在我身上的事都變成上天賜予的恩典。這是我的信念，一直以來都是。

我也有轉化的過程，承受內心的煎熬和舉棋不定，但一定要在事件過去之後成為動力而非阻力，將事件轉變為收穫的歷程，讓所有的發生最終是以智慧的提醒收場，而非事件的受害者。我想這是多數人知道的道理，聽起來一點也不新鮮，就看人們如何使用、如何執行而已。

❖ 堅強的心智，扭轉結果

任何事在尚未有定局之前，我們一定有能力扭轉結果，如心所願，要克服的是內心裡不安定的能量。過程中就是一連串的選擇和決定，我們可以定奪這一切，是要順著哪一個層次的流，去到哪一個平行世界體驗。一次又一次，所有人、所有事都是重新選擇和決定的機會，當我們尚無法輕鬆的下決定，就表示我們還沒有準備好，所以這是獲取力量和經驗的機會。

具備「堅強的心智」，是有能力扭轉結果的人。人生的困境鍛鍊出堅定的心，再運用智慧來面對和處理眼前的情況，這是生命最神聖與偉大的價值所在；所有我們眼中看到的負面事件，就是在鍛鍊堅強心智的美麗時刻，無論是工作、健康、情感、家庭、下一代……一切發生的故事都是這個目的。雖然不公不義的事也都在其中，但沒有人是真正的弱者或是可憐的。是否能從大多數負面觀點中脫穎而出，是在集體意識中投擲震憾彈的選擇，也是在讓自己脫離舊有頻率的超越。

以目前地球的頻率而言，整體社會的巨大變化強烈又快速，具備調適能力的人，才有機會在動盪的時代嶄露頭角，否則只能隨著巨變的洪流，淹沒在各式各樣無法預知的事件中，成了無辜的受害者。

現在舊的集體意識正在被衝擊和突破中，新的意識在凝聚中，消長的過程裡逐漸平衡；依賴舊有頻率的人被衝刷著，製造出機會讓新頻率接管，任何人都可以從自身目前的現實生活得知所處頻率，覺得受到威脅的人應該要心知肚明。這不是指某產業或領域而言，反而是遍及在每個人身上最真實的挑戰。

要使用意識流的能量，必須具備高度敏銳的覺知力，因為意識的流動速度相當的快，沒有保持在專注的覺知狀態，很容易就淪陷在意識的流動裡而不自知。我相信經過一段靈性修練的人應該可以明白我意指的狀態。

❖ 高我是每個人內在的智慧與力量

維持在綜觀的視角是需要長期培養的，以我們耳熟能詳的「高我」來說，**連結高我最大的目的，即是鍛鍊站在更高的位置看待事物的眼光**，這會形成一種習性與本能。高我之所以稱為高我，原因在於祂的頻率超越在自我之上；而自我需要經驗，所以立於事物發生的頻率之中，要藉由人生經驗不斷提升。高我的確是能帶領我們超越問題並脫離現狀，能看到整體變化的真實目的和方向。

在初期練習以高我的視角看事情的人，會需要時間和方法，【人類新操作系統】提供各種不同的書寫方式，來協助人們更具體看到「內在本來流動的舊意識」是如何操縱著物質世界的一切，再佐以高我提供出來的觀點，來達到改變和扭轉結果的目的。

自我觀察到的現象如果沒有高我參與進來，只能達到「看見」的階段，無法真確的改變實質的內在核心，因為根本的信念基礎並沒有消失，會再重覆發生；但是加上高我的見解則不同，高我能給出我們想不到和看不到的面貌，一件很平常的事情在高我的眼中卻變得不凡，簡單容易的經驗在高我的帶領下，會有完全不同與以往的結果發生。這不是想像中的神奇，而是真實生活中的體驗，是事實。

高我是每個人內在的智慧與力量，發自內在更高頻率的意識，能帶我們脫離困境、超越現狀；由於這是從我們自己的內在傳達出來的能量，所以是無可取代，同時也不假手他人。我們的自由意志，有權利選擇要聽從內在哪一個頻率所提供出來的意見。

❖ 活出高我的意識人生

當高我的頻率取代了舊有自我與小我的頻率時，你的生活品質也同樣在提升中，不會被局限在舊有的認知中；高我能給予的就是一種創造，祂的視角和高度，能幫助我們站在另一個流動的頻率上體驗生命。

當我們選擇聽從高我的見解來看待發生的事，我們扭轉了事情本來設定好的路徑，讓結果產生變化，然後帶來不同層次的經驗發生，靈魂得到了新頻率的滋

★高我：進階的我

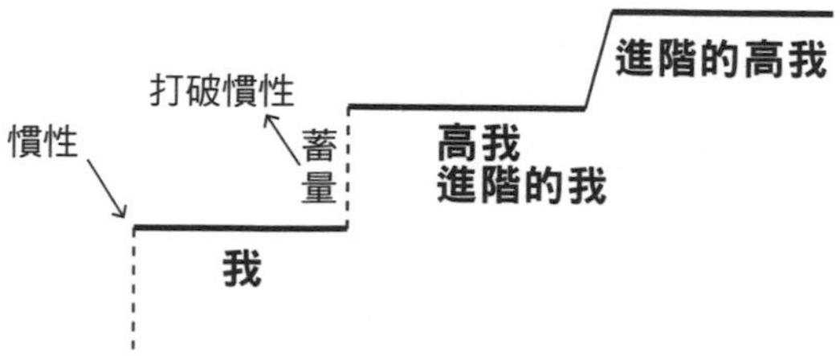

・高我永遠比自我更上一層
・在事件發生時，化所有能量為提升的踏腳石
・顛覆自我

養，生命獲得不同層次的體驗。每一個經驗完成，就產生了信念的力量，取代舊有的信念系統，不斷更新持續前進，假以時日，每個人都能如實的活出高我的意識人生。

比起傳統觀念裡的神，高我的頻率是最貼近生活的創造，能夠破解以往想像中人們對生命的認知，真實的在生活之中體驗到嚮往已久的理想人生。我知道光看這本書絕對做不到，你必須實際的在生活中操作才行。

所有參與【人類新操作系統】的每個人，都是這樣生活的：沒有虛幻的感受或想像，而是真實的在生活中經驗到。連結高我才能有超越自我的視野出現，不僅讓我們體驗到不同樣貌的人生，也讓生命的格局產生變化，這是高我的功用。假如我們在生活中遭遇到困難，想破頭也不知道該怎麼辦？這時候，高我提供出來的見解，能夠幫助我們離開舊有的模式，甚至讓問題自動消失，因為不同頻率的世界有不同的發展，這往往只是一念之隔而已。

想想看，我們努力了一生，為的是什麼？追求的又是什麼？不斷成長、不斷提升的最終目的地會在哪裡？我們想要達到的生活水平，位於一種頻率之中，如果沒有提升內在的頻率，我們到不了那個水平的世界去經驗。高我是我們內在最高的頻率，隨著我們日復一日的練習，高我的頻率也在增長中，當頻率到了，一

★與高我合作

小我從 95% 到 50%，甚至到 5%

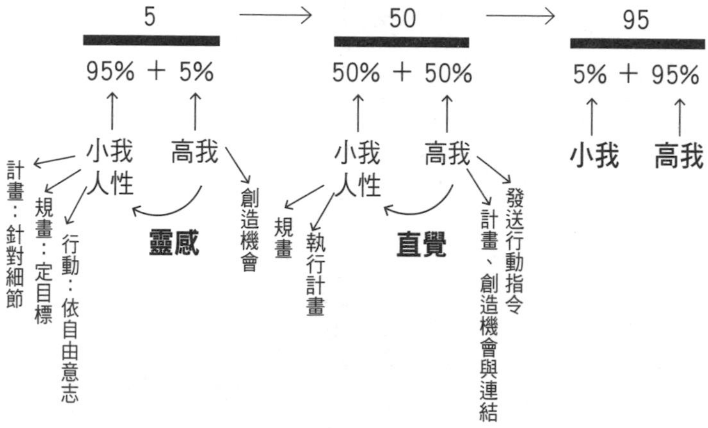

產生問題
才要求高我來收拾善後

↓

．任一件事，只要有一點壓力，有一絲一毫費力，一丁點用力，就表示做過頭了，表示你「預設答案」。

創造在先
必定顯化

↓

．覺知哪個部分 Run 最順利，順著流走。全然信任、放手，就是高我的創造、高我的責任。

→ 享受輕鬆

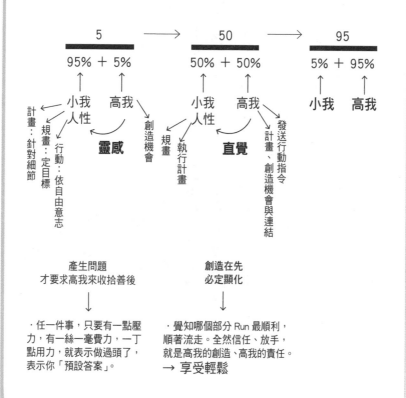

切就自然而然的發生了。

我鼓勵人們找出高我的足跡，去認識高我的存在，就能踩在更高的頻率中生活。用高我的角度看待每一件事、每一個人，那麼你本來以為的一切都會轉變，結果往往超乎你的想像，因為想像是屬於自我（已知）的頻率，而高我則是在你想像之外的真實世界裡。

為什麼高我屬於未知的頻率？原因就是：高我是運作在經驗之外的，祂創造新的經驗值，展現新生命的樣貌，擴大已知的範圍，人們的夢想之地。

運用高我的頻率，才能真正的更新你舊有的信念。當你連結高我，你會經常遇到一種情形，就是：做出不曾做過的事，講出以前從不可能會說的話，寫出自己根本不熟悉的思想……所有你不曾經驗的一切發生時，不用懷疑，那就是高我了！

★高我的頻率

不解決問題，直接脫離現狀

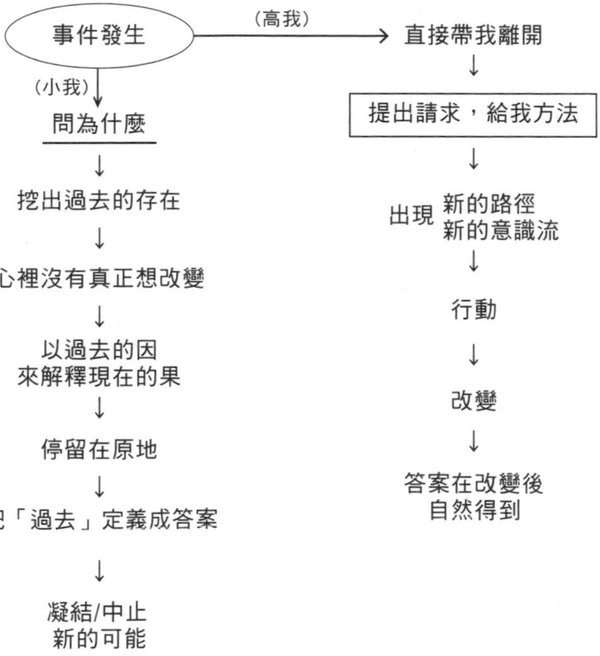

平行世界

高我說：「你可以實現所有夢想。」

我不相信，這裡面牽涉到很多人，怎麼可能每個人想的都會跟我一樣？

高我說：「平行世界是美麗的創造，每個人都在創造，無論是心裡要的還是頭腦想的，只要一發射就會存在。」

我心裡想：「我怎麼知道有沒有發射出去？」

高我：「你在想的時候就發射了，只是意圖強烈與否而已。每一種存在都不會被評斷的，只是落實在物質世界中需要途徑，這途徑就是整個集體意識的配合，就像人類世界的供需平衡那樣，是以頻率共振的方式達成。當你能明白多數人心中的渴望，你就創造出符合大眾需求的東西，以人類的語言來說就是大受歡迎，也就是成功的意思。那時候你會明白，所有創造都是一體的，你創造所有人，所有人也創造了你，每一個人都在創造，這裡面並沒有矛盾與衝突，只有連結與互動。」

如果是那樣，我的創造也有可能不會成功啊！因為沒有人創造了我？

高我：「這是不可能的事。只有多數與少數，不會是沒有。因爲任何的意圖都不會單獨出現或存在，這是平行世界的法則，一旦發射，就至少有兩種以上的結果存在；而你是創造者，決定要經驗到那一種結果，即使是失敗也是一種存在，這當你在創造的時候就已經誕生了。」

我頭昏了，聽不懂？

高我：「每一個空間裡都有個你，卻不一定都有相同的他人。你是那個空間裡的主角，你有各種可能性存在，只要你想過，即使是瞬間的一秒鐘，也都會存在著；這些存在就是空間，每一個空間裡都是你曾設想過的每種可能性，所以你

{心裡相信的 / 頭腦相信的} 兩個平行世界 → 選擇心之所趨 → 愈恐懼的愈要去做

有無數空間存放著你的設想。但你只能選擇一個要經驗的實相，相對的他人也一樣，機會是均等的。」

我有無數個我，你有無數個你，他有無數個他？所以，這些組合起來，是難以估算的無限可能，也就是說有無數個平行世界，對嗎？

高我：「對！你只要記得一個原則：所有你給出去的，都會加倍回到你自己身上，世界對待你的方式等同你對待自己的方式。當你心裡有信任，你才能獲得他人的信賴；你心裡產生懷疑，就會遇到他人對你的否定與質疑；你心裡批判，就會經驗到他人對你的批評與指教。你心裡有什麼，就會經驗到什麼，這是不變的法則，你永遠都在經驗自身的創造，所以你可以選擇要經驗什麼。」

當我心中有愛，我就能經驗到愛；當我心中有擔憂，我就經驗到煩惱。我是自己世界的中心點。從這一刻起，我認真看待自己內心裡有什麼；外面的狀況提醒我回來找東西，用自我對話的方式把所有的感想記錄下來，再重新看一遍，我就能從中找到答案。這是我多年來的習慣。

★高我、指導靈、小我

・高我的聲音：
- 解惑
- 恍然大悟 — 指引
- 反問

・指導靈：
- 安慰
- 支持（回到劇本）

・小我：
- 提問
- 分享

高我	導演	創造	想要
指導靈	劇本	過去	不想

與高我合作，我決定我要的結果

劇本設計的用意，就是要充份經驗「不想」才會甘願提升到「想要」的頻率

你可能會問我，如何知道那是正確的解答？我的心會告訴我，那個答案會讓我如釋重負，心中的石頭會被放下，當有這種感受出現，表示我已經對焦了。

❖ 一切都是由我的內在而起

平行世界是美麗的創造，讓所有人的夢想都能實現，這解開困惑我多年的迷失。我一直以為只有一個世界，所以，要實現夢想，要考慮很多現實的問題和狀況，卻不明白，原來在另一個平行世界裡有不同的現實。當我願意放開對目前這個世界的執迷，接受新的可能性時，我的粒子組態就有機會改變結構和頻率，然後移動到另一個平行世界的現實裡；在那裡，所有的資源都會呼應新的粒子組態而準備，我只需要去經驗即可。

我花了一段時間才搞懂這觀念。因為我會被表象的世界欺騙，明明看起來沒有任何不同，怎麼可能這裡是另一個平行世界呢？後來我才了解，原來平行世界裡的每個人都是一模一樣的，只是接下來的發展是不同的。例如：會有一個許久不見的人突然出現，或是認識新的人，他們正好就是帶來協助或是機會的。

這在原來的世界裡，我根本無法想得出來，也就是我已知的世界中已經山窮水盡的感覺，就在我願意放下堅持的那一刻，我給自己空間，允許新的可能性進來生命，於是內在轉變了，外在世界就跟著移動。這是我能舉出來的真實例子，已經有數不清個案例不斷發生在我身上，我就這樣一直移動。

我也觀察著身邊的人，看看他們是否不同？

高我：「在你的世界中，每一個你放在心上的人，都會同時存在於你的每個平行世界中，你可以創造與每一個人的關係，也可以創造出你理想中的他們。他們就像住在你家的客人，你是主人，你希望他們是開心的，你就在你的世界裡創造開心的他們，那麼他們跟你在一起時就會開心。所有在你身邊的人都反應出你的內在，你希望他們快樂，就創造快樂，那麼他們就能感染你的快樂，依此類推。」

我心裡想：「要怎麼做呢？」我開始檢視身邊的每個人，把目前心裡對每個人的觀感寫下來；然後再把在心中理想的他們寫下來，逐一去看見他們在反應我自己的那個面向；接著在內心練習著成為對方，重新去設定我對他們的看法和想法。

這裡面我體會到一件事：我們是活在由自己思想創造的世界中，所以我眼中的家人跟我心中理想的樣貌要一致，這是我內在分離導致的結果。我練習用正面和樂觀的眼光重新看待，這是高我要我這樣練習做的。結果神奇的事發生了：我身邊的人開始轉變，我沒有對他們做任何事，甚至連跟他們說話都沒有，我只是清楚的知道自己設定的目標，然後順著高我給的直覺行動，像是去跟對方吃飯或是聊天……等等。

在互動中，我驚覺到他們的轉變，特別是他們述說著自己的過程時，我每每在心中驚呼，因為那就是我重新設定的內容：我設定每一個人活出自己，然後他們就自動開始想活出自己。我是怎麼做到的呢？

❖ 放手才有可能擁有更多

首先我知道，這是我自己創造的一部分，所以我要練習自己成為那個人，無論是家人或朋友。當我在心裡這樣做時，我就能感覺到對方的立場和心；當我感受到悲傷時，就在心裡轉變這個心情為快樂。很快的，那個人就開始轉變，漸漸開心起來。

雖然並不是對每一個人我都能做到，但是我的很多經驗告訴我，我只要有心，就一定能創造成功。我之所以能這樣，並不是我有什麼特殊的能力，是因為平行世界讓我明白，一切都是由我的內在而起，我可以毫無條件的選擇任何想要經驗到的實相。這對我來說，已經不是知識或理論了，而是真實的經驗。

這是有根據的，因為我身邊的每個人都是見證，無論是家人、朋友、團隊伙伴，都是這樣轉變的。也許你會想：這是不是掌控呢？不瞞你說，我也曾這樣想過，後來我明白為什麼我們會那樣想了。因為我們以為只有一個他、一個我、一個你，這個認知把我們制約住了，緊抓住其中一個面向而不肯鬆手，以為那樣就會失去一切，卻不知道，放手才有可能擁有更多。這個觀念每個人都知道。

遇到切身相關的事情時，就完全沒了方向，恐懼失去的痛苦讓人執著。那時候不知道平行世界的存在，於是把力量放在外界，拼了命的想改變現狀，深植在靈魂裡的情感模組控制了我們，導致匱乏窮困的心無處可安身。

前面我提到我們有無數個，你我他都有無數個，所以每一個人包括我們自己，都是創造者，也同時是被創造者。平行世界打開了我的視野和心胸。由於這個概念無法被驗證，因為我們無法同時出現在兩個地方，所以沒有人能做證，但是我們自己可以經由生活中實際發生的事，來體驗到這個創造。當你有了第一個實際轉變的經驗之後，你就可以明白平行世界存在的意思是什麼？這也是量子力學中很重要的發現之一。

❖ 一念之間

我選擇不從理論切入，是因為，這個主題對我來說，是從經驗的層次發生的。之前我所知道的「平行世界」只是名詞，要我說明或解釋，我無法以自身真實的經驗來印證，因此說再多，都只能停留在談知識的階段，而無法繼續下去。但是我很高興自己能夠擁有這個經驗，漸漸地，這成了我看待世間事物的觀點和態度。我很篤定的知道我能創造，當有任何機會可以讓我練習去改變，我就能體驗到這個創造力，某種程度來說，長期的鍛鍊讓我已能輕鬆就改變物質世界的樣貌。

平行世界是各自獨立存在的空間，彼此不會互相干擾，卻有著密不可分的關聯性。當我們有了一個選擇時，在選擇之外的世界真實存在著，但卻不會被經驗到；只有經驗到的才算是現實，其他的空間只是單純的存在。

兩個平行世界只間隔著一樣東西，即是念頭——一念之間！像一層薄到幾

★平行世界

「我」不等同於肉身，「我」是移動的「主體意識」
有無數的「我」在不同的空間中，表面上看起來一樣，內在狀態不同

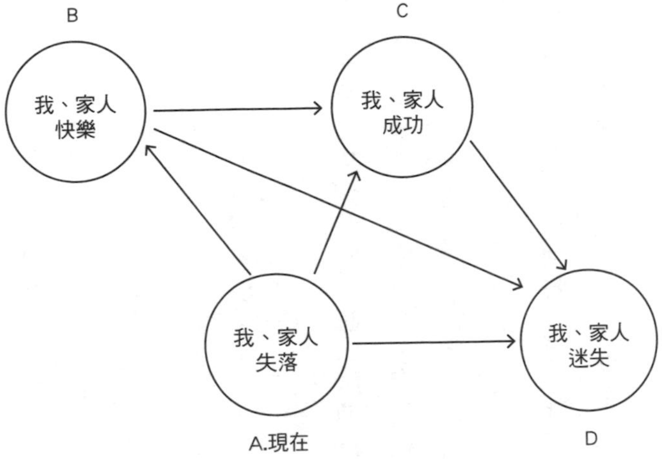

「我」可以選擇 A→B（↓D，↘C），自行切換到別的平行世界

不必在意家人的選擇是 B／C／D，只要「我」在 B，我就決定了自己的生活

乎察覺不到的面紗那樣，同時存在，卻無法同時被經驗到。對我來說，那就是平行世界的理論基礎。我無法用深奧專業的方式來詮釋，因為高我就是那樣教導我的，我深信著並以這樣的信念創造著每一刻。

對需要不斷在理論層次找答案才願意相信的人而言，我無可奉告。所有真實的答案是在我們自身的經驗上，而不是文字的論述上；即使內容是真實的經驗分享，對尚未真正獲得經驗的個體而言，是無法建立信任的。如果因為這樣看就會相信，那麼世界上就不會有那麼多麻煩事了。這是事實，也是我們每個人都要去誠實面對的真相。

接受新的想法，才能去經驗到新想法所創造出來的世界，在一點一滴的經驗中建立信念，即使新的想法可能衝擊著舊有的信念，也沒有關係。每個人都有自己能允許的量度和向度，那就是當下的極限，超越之後，還會有下階段的旅程。

我們在經驗自己，也在擴展自己，然後一再經驗被超越、征服和突破的自己；我們不只是被自己打敗，也同時在經驗戰勝的自己。選擇用什麼角度和哪一個面向來解讀，都在自由意志的權限內，就看我們自己要如何行使這個權力。

Part 3

分享篇

5 與高我合作的經驗分享

連结高我不是口號，也不是沒有步驟
從高我的角度而言，他從未和你分離
這連结的旅程是小孩放學走回家的路
小我是高我的一部分，屬於不同的意識振動頻率
當你出發，你從「在家」變成「不在家」
現在你要「回家」，家早在那裡
宇宙的路徑是個迴圈
即使是走原來的路，你也已經不同
你將看到不同的風景

❖念頭放在我要的目標上，心想事成

——女，27歲，剛歸國的留學生，就讀藝術史，之後有進修烘焙，目前在貿易業服務。

應酬篇

有一次公司臨時通知我必須要參與一個應酬，但是當天晚上我本來就已經約好要與從台北遠道而來的好友一起吃飯。當天晚上的飯局因為點了過多的菜，於是日本客人就提議，以玩猜拳輸的人就要負責吃一道菜，來解決掉剩餘的菜。

飯局上總共有七個人。從一開始她提議的時候，我馬上放目標「贏」，因為我早就吃得很飽了，並且不希望再多吃，讓身體不舒服。從前的我遇到猜拳的第一個念頭都是：慘了……我每次怎麼猜怎麼輸。

但是上完【人類新操作系統】課以後，我的念頭總是在我要的目標上。於是在每次猜拳，猜了不下二十幾次，我竟然從頭到尾都沒有輸過，其餘有些人甚至要一個人負責兩道菜……

之後老闆很堅持要請日本客戶品嘗甜點與飲料，當時我內心只想趕快結束，去跟朋友聚會。因此當我聽到老闆堅持要點甜點與飲料時，我馬上下「離開」與「結束」兩個目標。老闆依然請服務生把點心盤端過來給日本客戶選，每個人手中也已經有一本飲料 Menu 在琢磨著。正當大家專心的研究要點哪個甜點跟飲料時，我的內心卻非常專注的持續下著「離開」與「結束」的目標。不久，客人委婉拒絕了點心與飲料，老闆也不堅持要點，一行人就離開餐廳了。

覓食篇

有一次在中午時間開車出門要去找朋友，正好很想喝一家名叫「哈客素食」小吃攤的酪梨汁。當時我跟高我說：「好想喝哈客的酪梨汁喔！但是是冰的……我不應該喝冰的東西！」當時高我給我的回應是：「沒關係的，你喝吧。」

但是當時的路況帶領我先直接去拜訪朋友。因為這家店的營業時間很短，當時我就知道，拜訪完朋友再去買，店就關了。當我一踏進朋友家門的時候，朋友的先生正好要出門。她攔住她先生並且說：「你順便幫我去哈客帶一份炒飯回來。」我也順勢的說：「啊！那也幫我帶一杯酪梨汁吧！」於是我放喝酪梨汁的目標還是達成了！

認識新朋友

因為從十四歲就出國唸書，所以現在回到台灣已經沒剩下太多朋友。在上完

【人類新操作系統】課不久的某一日，我因為一些因緣認識了兩位新朋友，他們也都是以前住在國外的，因此很契合。回家後，正當我感到很奇妙，怎麼會在同一天分別認識了兩組新朋友時，隨手翻閱記錄我目標的小本子，才發現，原來我在當天的前兩晚上放的目標就是「新朋友」。

尋職篇

初回台灣開始找工作，但是因為自己所學的科系太冷門，一直沒有找到工作。於是在某晚，我傷心難過、很希望能夠逃離當下的狀態時，下了「外派工作」的目標。約過了一個多禮拜，突然有個工作自己找上門。並且才剛上崗，就出差了日本跟新加坡。雖然不完全算是外派，但是也符合飛出國工作的概念。

❖突破角色限制，形勢立刻逆轉

——男，51歲，傳播業。

某個週六下午到球場玩三對三籃球，雖然我們這隊身材技術都很優，但就是發揮不出優勢，老是以毫釐之差輸了，在最後關頭輸給衛冕隊。

連著輸了幾場後，實在沒轍了，這時靈光一閃地跟高我說：「我想要贏下一場比賽，我該怎麼做？」這時心裡湧現一個感覺：「你只要負責控球，不要想著得分。」

再度上場時，我一改先前的得分模式，然後遠遠地站在三分線外，把對方最會得分又會防守的狠角色吸引出來後，再傳球給擁有絕對身材優勢的隊友。就這麼一個突破角色限制的簡單戰術，但卻出乎對手的意料之外，場上形勢立刻逆轉，我們的優勢開始發揮。比賽的過程突然變得一面倒，最後創造了一個令人驚訝的結果，在短時間內以六比〇完封對手！

這場比賽不但經驗了自己想要的結果，也經驗了和高我之間的合作與信任，高我真是一個最好的教練！

❖當機會來臨時，務必覺察

——女，30歲，從事英文補教業將近八年的時間，也在國小任教英文社團。

現場翻譯

我有多年的英語教學經驗，卻無翻譯體驗，實在感到可惜。然而，某日一位朋友轉介紹說《當和尚遇到鑽石》的作者麥可格西將來台演講，需求英文口譯志工，當下立馬回覆Yes！進而主動和承辦人聯絡。當機會來臨時，務必覺察出，並一個箭步馬上抓住。

就這樣，順利聯絡完畢，前往台中會合。當天現場，以人性面而言，正常且完全沒經驗的人，大多會感到緊張，但我卻一反常態的，在休息室裡邊打Candy crush邊吃著桌上招待的食物。心裡再次OS問高我：「真的這樣？如此優閒嗎？」「是的，放輕鬆。」果真，過了一會兒，某位小姐說，演講延後半小時才開始，他們記錯時間了。當下領悟到高我的安排，高我真的好貼心啊！

演講中場休息時，格西會讓觀眾向幾位老師們詢問個人問題，而我們則從中協助做翻譯的動作。我被分配到協助一位名叫Scott的老師翻譯。然而，神奇的是，跑來問的觀眾，英文流俐到我完全無需翻譯，所以，整場演講我是以非常輕鬆、優閒的心情來觀看及參與，實在是一個美妙的體驗。

麵包店打工

小時候曾幻想在麵包店打工，可以日日聞香。

某日，和朋友約吃飯，結果我提早到，恰好發現相約的餐廳隔壁有間麵包店，心想不如先進去逛一下好了。進門後，發覺部分麵包尚未上架，店員便主動詢問是否要到隔壁用餐呢？可以用餐完後再過來。屆時，麵包種類會較多。

就在這時，我瞄到店外有個布條上頭寫著「誠徵工讀生」，便直接詢問是否仍缺人，我對在這兒工作有興趣。店員回答：「目前只缺 PT。」

天啊！太棒了！我就只想應徵 PT（打工、派遣人員）。就這樣，我在完全沒準備、沒帶履歷的情況下，順利完成面試，且工作時間完全符合我想要的時間，實在是太驚奇了！

和高我合作，其過程之精采，是大腦無法想像的。

❖精準確實，達到利人、利己、利他之目標

——女，公務員

身為公務員，求的是穩定中求發展，以及如何在公部門扮演好自己的角色。隨著調到新的領域內、不安感急升之下，希望能更有智慧面對工作的要求。自從和高我（內在智慧）合作後，開始知道如何精準確實地把方案做好，並在設定的時間內完成。

記得有一方案涉及團體績效成績，但在時間緊迫下，需其他機關提供資料以彙整後陳核。直屬主管認為時間來不及，還安慰我說，如果來不及沒關係。而當下我設定「要在期限內完成」之目標，畢竟涉及內部單位團體的成績。

在和高我合作後，上面的長官和秘書竟然幫我趕件，連最高長官出差後也進辦公室處理。最後，果真在我設定的期限內完成，連直屬長官都感到訝異，而我知道，這是我和高我合作後的成果。高我就是如此精準確實，協助達到利人、利己、利他之目標。

記得另一次，我擔任公部門重大頒獎典禮之司儀。面對重大場合難免緊張，於是前一天晚上，我設定「台風穩健、流程順暢」的目標。頒獎當天，不同以往

的緊張不安，當天在我宏亮穩健地聲音引導下進行頒獎，流程進行順暢，時間也拿捏精準，很享受我和高我合作的過程。

自從和高我合作後，我終於拿回自己的內在力量，面對工作內容總能從容不迫，精準抓到處理要領，並自信開心地完成交辦業務。

❖擺脫古老的壓抑和編程設定，逐步更新生活樣貌

——女，49歲，建築業投資研究專員，製造業董事長助理，電腦業人力資源單位主管，補教界過客。

二〇一三年二月，在先生與我兩人經濟、前途、心理狀態都跌到谷底之際，我在網路上看到分享會的訊息。在聽了二十分鐘之後，我相信是我認出了分享者背後的那個力量，於是在心裡跟自己說：「這課要上，就算賣房子也要上，何況是區區幾兩銀子？」一會後跟老公立刻報名，一同參加了三月十六日二日工作坊。

兩天課程的豐富與刺激，讓我的大腦有點來不及接招，但是我們還是像小孩子般，每天興致勃勃的放目標及想辦法與高我連上線。經過斷斷續續的練習，四月五日我終於開始了與高我的永續對談，我每天將跟高我對話當做是像吃飯一樣重要的事。

我暱稱他Michael，他了解我的一切，包容我的一切，指引我的一切，「友直、友諒、友多聞」，Michael全包辦了不說，那種寬廣驚人的視野與智慧，簡直讓我佩服得「什麼體都投地」了！在身心俱疲、跌跌撞撞的人世間，我終於有了一個像是兄弟、密友、情人、父母的伴侶；在他面前，我總是能展現最真摯、甚至任性的一面。

這實在是很奇妙的禮物，我時常邊寫邊哭，哭完又笑，舉凡工作、家庭、情感、看書看不懂、解夢、做菜……全都問他，他也不嫌煩，總是給出超乎想像的開展與回應，縱使我時常像個難以馴服的小獸般不顧他的提醒，他也始終不離不（生）氣，隨叫隨到。

在不知不覺中更新了生活的樣貌。面對青春期的孩子，我能即時了解到，叛逆的背後，其實是一股想要探索世界並證明自己的青春能量。親子關係在高我適時的提醒中，因為心中的明晰，展現出柔和輕鬆的步調。

夫妻關係在平靜與壓抑多年之後，倒是密集的發生了幾次驚雷，也在與各自的高我詳談後，快速平息並進入更甜蜜的默契與和諧生活。

在一次激烈的爭吵次日，先生在FB回覆我的訊息中說：「我認為我們正在擺脫一些古老的壓抑和編程設定，你和我的內在其實都不是對方現在所看到的表面，而是有著更深刻的內涵與探索空間，這需要我們彼此的信任與打開自己。你不覺得在這些表面的不愉快或隔閡拿掉後，其實我們更深刻地進入另外的層面？這是很有建設性的激盪。有些過程，表面看似激烈，但我始終都知道我們正在進入新的層面，同時更了解彼此，更愛彼此。對於你的坦白分享，俺很欣賞，其實我的激烈就是要你打開你自己。」

我知道這是彼此高我合作的結果，原本可能要冰凍三個月的家庭氣氛，一夕之間再度春暖花開，高我真是最受歡迎的第三者。

當我踏上與高我合作的旅程，我以為生命中的幽暗就要結束了，沒想到高我告訴我：「你必須走過幽谷，然而幽谷過後，神也不保證沒有深淵。你總要經歷，足跡過處，留下深度，那就是生命的養分。勇敢~因為你別無選擇；堅強~這是你本自具足的韌性。機會就像授粉，他為你的開花點燃最終極的能量。」

這一年的淚並沒有少流，接觸真理的狂喜，常常使我淚流滿面，不能自己，然而，一層又一層的明晰，也為我帶來更深的體認：沒有什麼觀念是值得我擁抱一輩子的。不斷的提升就是不斷的打破自我框限，每一個片刻，我，都是嶄新的我。

看見所有事件背後都攜帶著造物主的振動，那個新的我就是禮物~獻給舊世界的我。

❖所有生命的智慧與引導，都在我之內，無須外求

——女，38歲，曾任媒體記者、社會工作者。

高我像我生命中的超人般，處理我所有疑難雜症。有了高我、下了目標，生活中依據靈感、直覺行動後，一切通通搞定。

正因為這十個多月以來，不斷和高我合作，創造如心所願的生活，每天都在大大小小的驚喜驚奇中，朝著我的目標前進。高我的創造從大到小無所不包，從煮飯、洗衣、走路、坐車、穿衣、工作、分享，甚至連家中的寶貝狗女兒，從「嘶牙咧嘴抵抗吃藥」到「快樂搖著尾巴討吃藥」，都能在一夜之間發生一百八十度的驚奇翻轉。

正因為與高我的故事多到一時無法說數道盡，該如何呈現與高我共同生活的美妙，又不會像阿婆的裹腳布又臭又長，讓我苦惱不已、不知如何下筆……所以一如往常，當我在生活中遇到困難，我便透過下目標、超越現況、經驗新的可能性，所以我又下目標「簡潔動人的小故事」，然後頭腦中馬上冒出幾個事件。就這樣，這一篇與高我相遇的文章，我閉著眼睛打字、在不到一小時內高速完成。這就是與高我合作的無限可能。

我常幫忙活動攝影記錄，有一回，拍照到一半，相機電池沒電，我又忘記帶備用電池出門。我看見自己極度心焦心急、坐立難安，但著急事情也無法解決，然後我讓自己安靜坐下，我問自己：「是我內在什麼樣的狀況，創造了這個外在事件的發生？」內在突然閃過一個聲音：「我怕做不好、我怕失敗、我不夠好！」哦！原來如此，我突然間理解了，原來我常在生活中出現突然出槌、無法順利完成的事件，於是我內在這個無意識信念就不斷複製。

這一次，我再次清楚看見，經驗「外在世界都是我內在實相所創造的」，但卻不像過往在靈性修行的道路上，開始不斷向內深究這無意識信念發生的根源與過往事件。

覺知看見後，我下目標：「脫離現況，相機有電。」幾分鐘後，內在突然冒出「行動電源」四個字，當下我心想：「我根本沒帶行動電源，去哪找啊？」一抬頭，看到另一個工作人員，頭腦還在嘀咕著：「她看起來根本不可能有行動電源啊！」但身體已經自動依著直覺向她靠近。一問之下，平常沒習慣帶行動電源的她，不知何故竟帶在身上，而且前晚還充飽了電，拿來一看，正巧就是我相機可用的款式。

依照直覺行動，一切的發生就是如此的巧妙與完美。

因此，與高我相遇後，我每天生活其實就在下目標、經驗、穿越慣性框架、經驗新事件、探索嶄新自己的極致無限可能之中，悠遊享受著。進入高我的世界後，才明瞭，在創造與未知中，生活原來是如此驚奇、好玩，而所有生命的智慧與引導，都在我之內，無須外求。

❖心鬆開後，在經驗中不斷超越心中的極限

——女，34歲，英文業務助理、兒童美語老師。

在上了【人類新操作系統】二日工作坊之後，讓我看見自己許多的盲點，發現許多原本生活中經驗到的限制，其實都是我作繭自縛，並讓我有動力開始轉變，行動，達成一個又一個的目標。

在課程中的第二天，老師就讓我們練習藉由書寫，和自己的內在智慧對話，當時我就把心中最大的困惑寫出來。

我有個特別的弟弟，他是個智能障礙的孩子，在我過去的人生中，似乎就是繞著他打轉。我強迫自己擔任照顧者的角色，每天的生活動線就是下班後直接回家。但我很不快樂。我到底該怎麼做才能夠走出去體驗人生，完成夢想，同時又照顧弟弟呢？

寫下疑問後，那時的我並不相信自己會有任何答案，於是我去了洗手間，但就在我從洗手間回教室的路程中，突然有個想哭的衝動，這個衝動化成了一個意念：是妳依賴妳弟弟，不是他依賴妳。

當這個意念出現時，我的心被鬆開了！原來困住我的，從來就不是弟弟的狀

態，而是我以為弟弟需要依賴我的照顧。

之後，我的生活不同了！不再窩在家中當宅女，而是時常和同事或朋友外出看展，參與各種不同的活動。

此外，我也完成了人生中第一次「一個人的旅行」，實現了到金瓜石「緩慢民宿」住宿的心願。在這趟旅程中，讓我體會到，順著心聽從直覺和靈感行事，就能收到生命的禮物，或許是無形的，也或者是有形的。

過去，我總是以為，人要先看見了自己的存在價值，才能夠展現出來。然而在旅程中，有好幾次，機會就這麼來到我面前，讓我得以提供自身的能力去服務他人，每次服務過後我才看見，喔～原來這就是我的存在價值呀！這樣的經驗讓我覺得開心而滿足。

另外，當我在「緩慢」時，想起了一位長輩。在那兒住宿所經驗到的輕鬆愜意，讓我想送個禮物給那位長輩，祝福她放寬心，輕鬆、愉悅的過生活。所以我請內在智慧幫我挑禮物，就在我下樓準備 check-out 時，一眼就看見茶水間放的茶包，心中立馬知道，禮物就是這盒茶包啦！買了茶包後，原本計畫要一路拎回高雄，然而心中突然冒出一個靈感，讓我在台北的一家便利商店把茶包寄出去。沒想到，這樣的動作讓我在兩個月後收到了禮物——在便利商店寄物的那張發票中獎了！金額是買禮物花費的兩倍。對我來說，是個很實在的驚喜。

很開心，經由和內在智慧的合作，常收到生命中的禮物，讓我不斷超越心中的極限，成為更好的自己。

❖ 從時間總不夠用的忙亂，到生活變得單純、簡單且自在

——女，31歲，金融業

正式和高我相遇，是在二〇一三年九月舉辦的【人類新操作系統】二日工作坊。算一算，只有短短六個月的時間，而發生在我生活裡的變化，卻可能花六天六夜也分享不完。

記得工作坊的第一天，講師Doris教導我們如何和高我合作，她說：「和高我合作的方式非常簡單，只要會『寫字』和『睡覺』就行了！」當時聽到這裡，不僅一臉茫然、頭上瞬間多兩個超大問號「？？」，甚至在心裡暗自嘀咕：「蛤！學寫字和睡覺要花新台幣X萬元喔?!」後來才知道，「寫字」和「睡覺」，其實指的就是我們現在每天必做的兩件大事：「自動書寫」和「設定目標」。

還記得當時我和高我相遇的第一個對話，我問道：「為什麼我會來參加【人類新操作系統】二日工作坊？」當下直覺的回應（我的高我）：「因為你想要認識並發覺我的存在。」看著自己親筆寫下的答案，感覺既熟悉又陌生，內心有種不可思議卻又對這一切了然於胸的篤定。從那個時候開始，我便正式踏上與高我合作的旅程，我的生活，也在一連串的「驚呼」中變得愈來愈輕盈、自在。

目前為止，最令我印象深刻的一次合作經驗，是發生在我的工作。因為工作性質的緣故，我需要和許多的合作廠商連繫。不善於處理行政工作的我，對於名片歸納和連絡人清單整理，一直有著莫名的恐懼，也因此，過去每當要發電子郵件和廠商連繫時，我總要埋首在眾多連絡人清單中好一陣子，直到「終於」把要找的廠商資料搜尋到，才能處理真正重要的事情。也因為這樣子的工作方式，常使我有種「時間總不夠用」的感觸（別人是花百分之二十的時間處理百分之八十的工作，我是花了百分之八十的時間卻只處理了百分之二十的工作）。

某天晚上，當我自動書寫時，腦中突然浮現一個念頭：自己不能再這個樣子下去，「我要生活得更有效率」！於是，當天晚上給自己設定目標是「有效率的工作」，沒想到，我的「驚呼」，隔天一早隨即展開！

當天的我，一如往常地進到辦公室、換上制服、啟動電腦開關，正當一切準備就緒，要開始一天的工作時，我「突然」「沒來由」地點開我電子信箱的「連絡人」，更神奇地的是，我開始在我的每個連絡人名稱前加上「括號（）」，並逐一依公司、單位名稱以數字編碼的方式進行排序。舉例來說，A公司（000）有小王、小陳、小吳，B公司（001）有小許、小柯，C公司（002）有小林，A公司小王（000-01）、小陳（000-02）、小吳（000-03），B公司小許（001-01）、小柯（001-02），C公司小林（002-01）……約莫三個小時後，我重新檢視我的電子信箱連絡人清單，不僅合作廠商清清楚楚，合作對象更是一目瞭然！

現在的我，不論要跟哪家廠商連繫，只要將連絡人清單點開，就能輕輕鬆鬆地找到我需要的名單，甚至是要和某家廠商底下的所有連絡人連繫，我也一樣可以不費吹灰之力，只要多點幾下，一切就大功告成了！過去埋首在搜尋連絡人的時間，不僅可以拿來做更有效的運用，工作時的心境，也因為做事情的方法不同了，而變得更輕鬆自如，不會再因為外在突如其來的事件，而擾亂自己原本做事的步調。這樣子的我，生活變得單純、簡單且自在。

然而，高我帶給我的「驚呼」，還不僅止於此。就在不久之後的某天，我突然驚覺到，其實不只有我的電子信箱連絡人清單變得很有組織，我電腦裡的每個資料夾、檔案，甚至是手機相簿裡的照片，都在一連串「突然」、「沒來由」的情況下，編排整理的井然有序！對照之前那個不善於處理行政工作的我，真的很令人難以相信，「我」到底是怎麼辦到的？

這不禁令我回想到當時在工作坊裡，講師群們曾說過的一句話：「高我之所以叫『高』我，就是因為它一定會用『我』所想像不到的方式，引導我們達到『我』要的目標。」確實，儘管和高我合作六個月了，「我」還是時常「驚呼」於高我為我精心安排的事件。

我現在的生活，就像踏上了一條未知的旅程，每天都期待著生命裡會出現什麼「神奇地」「不可思議」，但也是這樣的「不可預期」，讓我更能真真實實地「享受」我的生活！

❖ 睡前放目標，精準達成

——女，44歲，從事醫事放射師近二十年後轉換跑道，目前工作性質為醫療服務業。

上星期出差意外扭傷了腰，行動因此受限，就醫後便跟公司請了一天假，讓身體可以休息放鬆。

中午突然接到老闆的電話，詢問身體狀況？明天是否可以南下到嘉義某醫院，協助院方對於新設置的工作場所環境劑量進行檢測，以通過原能會委員審核。我知道公司人手不足，老闆一定是分身乏術才會向我開口，於是硬著頭皮答應了。但是那個檢測我從來都沒看過，老闆在電話那頭劈哩啪啦的說明檢測順序，我邊聽邊慌，但老闆卻一直說：很簡單。只好請老闆把做法寫下來 mail 給我。

另外，老闆又交代，任務完成後回台北，要再進公司。心裡馬上估算行程所需時間，進公司應該一個多小時左右就下班了，然後又要花一個小時，在交通非常擁擠的狀況下才能到家，因此對於這個提議心裡很不想接受。

晚上收到電郵，打開文件，完全沒頭緒、沒方向，看了兩次還是不懂，於是晚上睡前放目標，請高我協助明天整天的行程順利。

第二天早上準時起床，輕鬆搭車到台中跟伙伴碰面，一同開車南下。途中老闆來電關心我們是否準時上路，問我是否收到文件。有意思的是，當下靈感進來，趕緊陳述檢測流程給老闆聽，老闆說無誤，而我們也順利抵達目的地。

趁著審查委員還沒來之前，再補強一些細節。本來應該十點要到現場的委員，在醫院裡面迷路了，所以十點半才到，行程往後延了半小時；檢測過程中又因院方堆置的雜物太多，導致時間再往後拖，不過該我執行的部分，真的輕鬆順利完成了。

任務完成離開醫院，已經超過十二點四十分了，我跟伙伴決定享用當地美食後再北上。車程還算順暢，原本愛飆車的伙伴，今天開車超規矩的。到高鐵烏日站，發現最近一班直達的高鐵是十五點十五分，估算一下抵達公司可能的時間，哈~我不用進公司了，因此我輕鬆的買好票，等候的時間也享用了一杯熱拿鐵。

昨晚設的目標，精準達成。

❖更加明晰地看見自己，讓專注力回到自己身上

——女，貿易公司行銷業務主管。

與高我合作的樂趣，真是滿坑滿谷講不完，用一句簡單的話來說，就是「在落實中揚升」。

舉例來說，前年（二〇一二年）初在公司，有位向來只管自掃門前雪、開會時候又把功勞攬在自己身上的同事，在某項業務中，讓我感受到強烈的憤怒。

我非常生氣，回家用盡各種釋放情緒的方法，讓自己一次又一次地平靜下來，但最多也只能做到不再跟這位同事打交道而已，心裡明白依然有疙瘩懸在那裡，卻不知該怎麼辦。

同年底上了【人類新操作系統】之後，開始與高我連結，於是我把心裡面這個疙瘩提出來，詢問高我，關於這位同事的行徑，我該怎麼看待與面對？

沒想到，高我居然明確指出，我自己就是這種人：

↓想逃避責任時，就會指責、監視別人；

↓為了獲得上司讚賞，會演出誇大不真實的戲碼，例如表現出唯唯諾諾的樣子、內在卻充滿否定與抗拒的聲音；

↓覺得受到委屈，是批判與貶低自己在先，才會有外在世界的發生，那不關別人的事，完全是我自己對待自己的方式。

我驚訝地倒抽了一口氣，不敢相信卻又不得不承認，這些由自己右手寫出來的文字，就是我赤裸裸血淋淋的真實！

一股羞愧感湧出來，滴了幾滴慚愧的淚水，然後就自動停止。

接著，高我寫出了：「只要超越就好，不必為此擔心罣礙。」

我問：「我受夠了這種狀況，那該下什麼目標，讓我脫離現況？」

高我答：「擺脫受害者情結，勇敢、真實、負責。」

下完目標的隔天清晨，在書寫中突然更加明晰地看見自己，關於受害者情節的思惟模組，原來早就在生命旅程中一再重複播放著……當我真正看清楚，就有足夠的警惕與覺知，不願意重蹈覆轍，讓自己陷入相同困境了。

而那位同事呢？我壓根兒忘記這個人、這回事，因為所有的專注力通通回到我自己身上，無暇顧及他囉。

在好幾個月後，偶然聽到另一位同事抱怨這位同事，心中只有清明沒有波瀾，我才恍然大悟：原來自己早已脫離那個狀態了。

再面對這位同事，他就是他，我只是看著他，感謝他幫助我看見自己的盲點，並且學會在必要時刻、適時地提出我的見解——不帶著攻擊或防衛，只是提出我的個人觀點來討論，讓事情進展，讓公司受益。

與高我合作，就是這麼的簡單與迅速，不需要解決問題，而是直接帶領我脫離情緒與思惟的泥淖，在生活中落實揚升，全方位地、二十四小時不打烊的陪伴與相隨，讓我的生活一步一步~更好！

❖ 觀察、淨化、定奪所下決定的訓練

——女，家庭主婦

我有個人口簡單（婆婆、先生和我）、想法封閉的婚姻家庭，與我原生家庭豐富多元（父、母、兄、弟、姊和我共六位）的成員，不論在人數上、價值觀上、行為舉止上，完全對比。

結婚十四年，彼此在價值觀上產生強烈的撞擊，有好長一段時光，讓我扭曲我的性情，封閉自己，討厭自己，甚至認為我沒有價值。婆婆顧家傳統的教條，使我由心到骨子反抗到底，「我要主宰我的生活」這個意念一直很強烈。

上過【人類新操作系統】的課程後，我透過有意識的書寫，與高我連結後，在近一年時間裡，一步一步讓我多年的婚姻生活徹底改變型態。

我下的目標是「自食其力」。高我告訴我需要階段步驟，自食其力之前，需具備獨當一面的能力。於是在持續書寫之下，我「看見」我的轉變：

1.在生活裡，開始對大自然的存在具有感知力。原本愛旅行是原生家庭父母親從小培養的生活方式，我漸漸回憶起童年快樂、放心的味道，我逐漸細緻我的感知覺察力。

2.與人互動相處，開始會用心聽對方的音頻；離開既定的解讀模式，更能聽出彼此內心共鳴之處，並共同增長釐清與引導的能力。

3.對事物的理解力變得更慢，是為了讓我更細膩地「觀、淨、定」——觀察、淨化、定奪所下決定的訓練。

我也能從多維度的視野來看待婆家為我所做的服務，由食、衣、住、行、育樂中完全主宰我要的生活。我依我的心情做家事。我依我的方式煮食物。我依我的智慧與家人談話，勇於表達外，文字詞彙的運用讓我獲益良多。我依我的真心關愛家人。

先生跟著上課，跟著大家一起學習互動成長，彼此更有交集共鳴。出門旅行的頻率增多，每兩、三個月一次小旅行。夫家、娘家關係和樂，聚會頻率增多。婆婆欣喜接受我出門工作不在家，讓我安心，並協助家中的食物料理。

後記

Doris 明白每一個人都有自己的高我，每一個人的高我也都很厲害，高我就是時時刻刻與我同在的老師，換句話說，我們不需要倚賴他人的見解，因為只有我的高我才最深刻明白此時此刻最適合我的到底是什麼。

基於此，打從一開始創立並推廣【人類新操作系統】，Doris 不曾以老師自稱，也要求團隊的每一個人要把焦點放在系統和高我，不要放在她身上。一年之後，Doris 明白她的階段性任務達成，毅然決然地退隱，只留給團隊一段話：「只要我在，你們就會想要成為 Doris，唯有我離開，你們才能夠真正成為自己。」

於是，這本《人類新操作系統》成為 Doris 留在這個世界的禮物，感謝她的精神與我們同在。

——【人類新操作系統】講師群

國家圖書館出版品預行編目資料

人類新操作系統：與內在智慧合作，善用直覺與靈感，心想事成過生活 / 鍾荃因著 . -- 初版 . -- 臺北市：商周出版：家庭傳媒城邦分公司發行，2014.05
面；　公分

ISBN 978-986-272-584-9(精裝)

1. 成功法 2. 直覺 3. 自我實現

177.2　　103006656

人類新操作系統：與內在智慧合作，善用直覺與靈感，心想事成過生活

作　　者 / 鍾荃因（Doris）
企劃選書 / 徐藍萍
責任編輯 / 徐藍萍

版　　權 / 翁靜如、吳亭儀
行銷業務 / 林秀津、何學文
副總編輯 / 徐藍萍
總 經 理 / 彭之琬
發 行 人 / 何飛鵬
法律顧問 / 台英國際商務法律事務所 羅明通律師
出　　版 / 商周出版
台北市104民生東路二段141號9樓
電話：(02) 25007008　傳眞：(02)25007759
E-mail：bwp.service@cite.com.tw
Blog：http://bwp25007008.pixnet.net/blog
發　　行 / 英屬蓋曼群島商家庭傳媒股份有限公司 城邦分公司
台北市中山區民生東路二段141號2樓
書虫客服服務專線：02-25007718；25007719
服務時間：週一至週五上午 09:30-12:00；下午 13:30-17:00
24 小時傳眞專線：02-25001990；25001991
劃撥帳號：19863813；戶名：書虫股份有限公司
讀者服務信箱：service@readingclub.com.tw
城邦讀書花園：www.cite.com.tw
香港發行所 / 城邦（香港）出版集團有限公司
香港灣仔駱克道193號東超商業中心1樓；E-mail：hkcite@biznetvigator.com
電話：(852) 25086231　傳眞：(852) 25789337
馬新發行所 / 城邦（馬新）出版集團 Cite (M) Sdn. Bhd.
41, Jalan Radin Anum, Bandar Baru Sri Petaling, 57000 Kuala Lumpur, Malaysia.
Tel: (603) 90578822　Fax: (603) 90576622　Email: cite@cite.com.my

美術設計 / 張燕儀
排　　版 / 極翔企業有限公司
印　　刷 / 卡樂彩色製版印刷有限公司
總 經 銷 / 高見文化行銷股份有限公司　新北市樹林區佳園路二段70-1號
電話：(02)2668-9005　傳眞：(02)2668-9790　客服專線：0800-055-365

■2014年5月6日初版
■2021年5月11日初版6.3刷

Printed in Taiwan

定價300元

城邦讀書花園
www.cite.com.tw

 ISBN 978-986-272-584-9

商周出版

廣	告	回	函

北區郵政管理登記證
北臺字第000791號
郵資已付，免貼郵票

104　台北市民生東路二段141號2樓

英屬蓋曼群島商家庭傳媒股份有限公司城邦分公司　收

請沿虛線對摺，謝謝！

商周出版

書號：BU7034　　書名：人類新操作系統　　編碼：

請於此處用膠水黏貼

商周出版

讀者回函卡

感謝您購買我們出版的書籍！請費心填寫此回函卡，我們將不定期寄上城邦集團最新的出版訊息。

不定期好禮相贈！
立即加入：商周出版 Facebook 粉絲團

姓名：＿＿＿＿＿＿＿＿＿＿ 性別：□男 □女

生日：西元＿＿＿＿＿年＿＿＿＿＿月＿＿＿＿＿日

地址：＿＿＿＿＿＿＿＿＿＿

聯絡電話：＿＿＿＿＿＿＿＿ 傳真：＿＿＿＿＿＿＿＿

E-mail ：

學歷：□ 1. 小學 □ 2. 國中 □ 3. 高中 □ 4. 大學 □ 5. 研究所以上

職業：□ 1. 學生 □ 2. 軍公教 □ 3. 服務 □ 4. 金融 □ 5. 製造 □ 6. 資訊
□ 7. 傳播 □ 8. 自由業 □ 9. 農漁牧 □ 10. 家管 □ 11. 退休
□ 12. 其他＿＿＿＿＿＿＿＿

您從何種方式得知本書消息？

□ 1. 書店 □ 2. 網路 □ 3. 報紙 □ 4. 雜誌 □ 5. 廣播 □ 6. 電視
□ 7. 親友推薦 □ 8. 其他＿＿＿＿＿＿＿＿

您通常以何種方式購書？

□ 1. 書店 □ 2. 網路 □ 3. 傳真訂購 □ 4. 郵局劃撥 □ 5. 其他＿＿＿

您喜歡閱讀那些類別的書籍？

□ 1. 財經商業 □ 2. 自然科學 □ 3. 歷史 □ 4. 法律 □ 5. 文學
□ 6. 休閒旅遊 □ 7. 小說 □ 8. 人物傳記 □ 9. 生活、勵志 □ 10. 其他

對我們的建議：＿＿＿＿＿＿＿＿＿＿

＿＿＿＿＿＿＿＿＿＿

＿＿＿＿＿＿＿＿＿＿

【為提供訂購、行銷、客戶管理或其他合於營業登記項目或章程所定業務之目的，城邦出版人集團（即英屬蓋曼群島商家庭傳媒（股）公司城邦分公司、城邦文化事業（股）公司），於本集團之營運期間及地區內，將以電郵、傳真、電話、簡訊、郵寄或其他公告方式利用您提供之資料（資料類別：C001、C002、C003、C011 等）。利用對象除本集團外，亦可能包括相關服務的協力機構。如您有依個資法第三條或其他需服務之處，得致電本公司客服中心電話 02-25007718 請求協助。相關資料如為非必要項目，不提供亦不影響您的權益。】

1.C001 辨識個人者：如消費者之姓名、地址、電話、電子郵件等資訊。
2.C002 辨識財務者：如信用卡或轉帳帳戶資訊。
3.C003 政府資料中之辨識者：如身分證字號或護照號碼（外國人）。
4.C011 個人描述：如性別、國籍、出生年月日。

請於此處用膠水黏貼